Instituto Cervantes

La marca del Instituto Cervantes y su logotipo son propiedad exclusiva del Instituto Cervantes.

Este método se ha realizado de acuerdo con el Plan Curricular del Instituto Cervantes, en virtud del Convenio suscrito el 12 de marzo de 2002.

© enCLAVE-ELE | SEJER, 2006
© Carme Arbonés, Vicenta González, Estrella López y Miquel Llobera
ISBN: 2-09-034390-7
Nº de editor: 10 130 138
Depósito legal: Agosto 2006
Impreso en España por Mateu Cromo | Printed in Spain by Mateu Cromo

index

Table of contents

3 Dime qué te gusta (Tell Me What You Like)

Themes
• Likes/dislikes • Interests/Hobbies

Comprehension and Oral Expression
• Expressing likes/dislikes • Talking about interests/hobbies • Reacting to likes/dislikes • Expressing gratitude

Grammar in Context
• Verbs used to express likes/dislikes • Expressions used for reacting to others' likes/dislikes • Quantifiers (*muchísimo* (very much), *mucho* (a lot), *un poco* (a little), *poco* (little/few)
• Así hablamos:
  -Highlighting/stressing information

Texts for …
• Describing

Cultures
• Images of cultures associated with Spanish speaking countries

Point of View
• Gifts

Final Activity
• Creating a study group to do activities outside of class

Self-Evaluation

Appendix
• Sections 9 and 10

4 Vive día a día (Daily life)

Themes
• Daily activities • Timetables/Schedules • The family

Comprehension and Oral Expression
• Talking about timetables/schedules • Talking about habitual actions • Giving opinions • Reacting to observations/comments • Talking about the family

Grammar in Context
• Present tense (regular and irregular) and reflexive verbs - Possessive adjectives • Lexical changes in family vocabulary - Connectors for organizing information • Expressions and adverbs of frequency
• Así hablamos:
  -Spontaneously reacting to another's opinion

Texts for …
• Writing a personal letter

Cultures
• Aspects of family life

Point of View
• Behavior at meals (family and friends)

Pause
• *What do you like to do in order to learn Spanish inside and outside the classroom?*

Final Activity
• Creating a explanatory brochure about Spain

Self-Evaluation

Appendix
• Sections 11, 12, 13 and 14

5 Diviértete (Enjoying Yourself)

Themes
• Appointments/dates, invitations, and excuses • Bars and restaurants

Comprehension and Oral Expression
• Informing about places • Making an appointment/date • Giving Direction to a place • Argumentation

Grammar in Context
• *Querer* + infinitive/noun • *Apetecer* + infinitive/noun • *Tener* + *que* + infinitive • The verb *quedar* • Place (*estar/hay*) • Movement verbs (*ir/venir*)
• Así hablamos:
  -Accepting/rejecting an invitation

Texts for …
• Writing a letter to express an opinion

Cultures
• Eating habits

Point of View
• Bars, coffee shops, restaurants and tipping

Final Activity
• Choosing a restaurant for dinner in the city or area

Self-Evaluation

Appendix
• Sections 15 and 16

9 Haz planes (Making Plans)

Themes
• Trips

Comprehension and Oral Expression
• Talking about trips made and planning for future trips • Talking about activities done in the past • Advising

Grammar in Context
• *Pretérito indefinido* (Simple Past) • *Ir + a* + infinitive • *Querer* + infinitive • *Pensar* + infinitive • Prepositions
• Así hablamos:
  -Talking about the past (Spanish variations) -Using abbreviations/acronyms

Texts for …
• Writing recommendations

Cultures
• Vacations

Point of View
• Distinctive types of trips

Final Activity
• Create a class calendar/date book with the most important dates for the group

Self-Evaluation

Appendix
• Sections 24 and 25

10 Haz memoria (Recalling the Past)

Themes
• Personal memories

Comprehension and Oral Expression
• Talking about past habitual activities/actions • Describing persons and objects in the past • Contrasting the present with the past

Grammar in Context
• *Pretérito imperfecto* (regular and irregular verbs) • Time markers • The verbs *dejar*, *poder*, and *querer*
• Así hablamos:
  -Asking for a service
  -Showing appreciation in a polite way

Texts for …
• Writing newspaper headlines

Cultures
• Famous Hispanics • Objects that define a period in time

Point of View
• Life in the past

Pause
• *Can you prepare a list of the topics you can now talk about in Spanish?*

Final Activity
• Present the origins of the class members

Self-Evaluation

Appendix
• Section 26

Appendix

Forms and Functions

Verb Chart

0

Así empezamos
(This is How We Begin)

Hola

Hello

۱ - أ هلا.

Salut

Hallo

Oi/Olá

Cześć

Привет

こんにちわ

 1 Listen to the introductions of the authors of "Así Me Gusta"

Yo me llamo Estrella y soy de Barcelona.

Hola, me llamo Carmen y soy de Tortosa.

Hola. Me llamo Miquel y soy de Mallorca.

Yo me llamo Vicenta. Soy de Barcelona.

● And you? What's your name and where are you from?

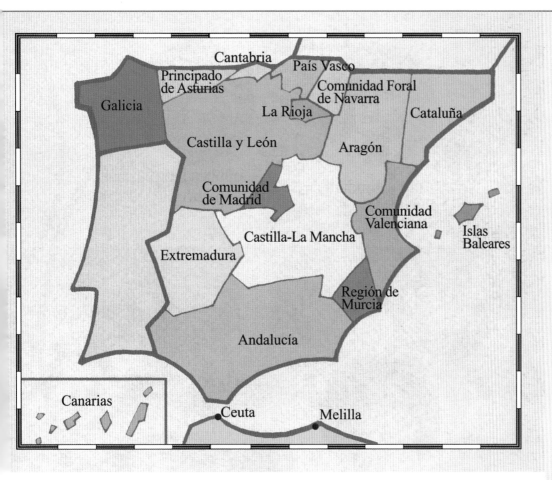

Galicia
Principado de Asturias
Cantabria
País Vasco
Comunidad Foral de Navarra
Cataluña
La Rioja
Castilla y León
Aragón
Comunidad de Madrid
Comunidad Valenciana
Islas Baleares
Castilla-La Mancha
Extremadura
Región de Murcia
Andalucía
Canarias
Ceuta
Melilla

 Listen

Write

 Complete.

Work in Pairs

Work in Groups

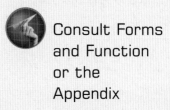 Observe the Grammar

Consult Forms and Function or the Appendix

2 Listen to these Spaniards. Where are they from? What languages do they study?

a)_____ c)_____ e)_____
b)_____ d)_____

● In Spain there are various languages spoken: Castellano, Catalan, Gallego, and Euskera (Basque). Do you know where each of these languages is spoken?

3 Listen. What languages do the following Spanish students speak?

A

B

C

_____

_____

_____

D

E

_____

_____

Common Classroom Questions

¿Cómo se dice *dog* en español?
How do you say *dog* in Spanish?
Como se diz *cachorro* em espanhol?
Comment dit-on *chien* en espagnol?
Was heißt *Hund* auf Spanisch?
スペイン語で犬はどう言いますか。

كيف يقال كلمة **كلب** بالإسبانية؟

¿Cómo se escribe *hola* en español?
How do you write *hello* in Spanish?
Como se escreve *oi* em espanhol?
Comment s'écrit *salut* en espagnol?
Wie schreibt man *hallo* auf Spanisch?
スペイン語でこんにちわはどう書きますか。

كيف تكتب **أهلا** بالإسبانية؟

¿Cómo se pronuncia...?
How do you pronounce...?
Como se pronuncia...?
Comment se prononce...?
Wie spricht man ... aus?
... はどう発音しますか。

كيف ينطق ...؟

¿Cómo se deletrea...?
How do you spell...?
Como se soletra...?
Comment s'épelle...?
Wie buchstabiert man...?
... はどのつづりですか。

كيف تتهجى...؟

México
Cuba
Guatemala Honduras
República Dominicana
El Salvador Costa Rica
Puerto Rico
Nicaragua Panamá Venezuela
Colombia
Ecuador
Perú
Bolivia
Paraguay
Chile
Uruguay
Argentina

4 Look at the map. Spanish is spoken with unique characteristics in all of these countries.

● **Listen to some variations of Spanish and mark on the map where the speakers are from.**

a) César es _____.

b) Yaremi es _____.

c) Carlos es _____.

d) María Aida es _____.

e) Juan es _____.

f) Eugenia es _____.

g) Teresa es _____.

5 Listen to various Hispanics talk about famous `people from their countries. Who are these famous people and where do they come from?

a) _____   e) _____

b) _____   f) _____

c) _____   h) _____

d) _____

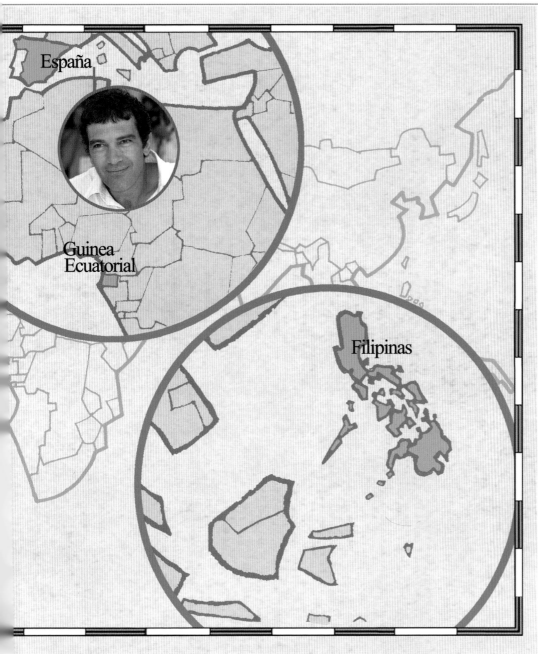

España

Guinea
Ecuatorial

Filipinas

¿Puedes repetir?
Can you say that again, please?
Podes repetir?
Tu peux répéter?
Kannst du das wiederholen?
くり返すことができますか。

هل تستطيع أن تعيد ما قلته؟

¿Puedes hablar más despacio, por favor?
Can you speak more slowly, please?
Podes falar mais devagar, por favor?
Tu peux parler plus lentement, s'il-te-plaît?
Kannst du bitte langsamer sprechen?
もう少しゆっくり話してくれませんか。

هل بإمكانك أن تتكلم رويدأ من فضلك؟

No entiendo.
I don't understand.
Não entendo.
Je ne comprends pas.
Ich verstehe nicht.
分かりません。

لا أفهم ما تقول.

¿Qué significa la palabra _información_?
What does _información_ mean?
Que significa a palavra _información_?
Que signifie le mot _información_?
Was bedeutet das Wort _información_?
información はどういう意味ですか。

ما معنى كلمة _información_؟

6 Do you know the names of these people and what their jobs are?

A

B

C

D

E

● And what's your job?

Entra en el chat de "Así Me Gusta"
(Enter in the "Así Me Gusta" Chat)

1 Which of these words do you know?

AÑOS apellido **profesión** man arquitecto

nacionalidad gracias MÉDICO LIBRO

escuela ESTUDIA familia Buenos Aires profesor calle

concursante ALUMNO García pensionista **danés** soy

enfermera **hola** secretaria información Lima club

PREGUNTA taxi **buenas tardes** La Habana nombre hoy **¿cómo estás?**

italiano BUENO estudio **Madrid** RESPUESTA vacaciones

se llama muy bien encuesta Barcelona paella YO

ordenador ejercicio **japonés** Sevilla por favor

Caracas PLAYA viaje buenos días coche López

hasta luego **Lanzarote** chao CINE 34 20 3 actor adiós

BESO rusa universidad Perú carné **tú** bar

aeropuerto Luis CASA **hombre** pasaporte ANA

VIVE escribe VINO trabajo española SOL

2 Listen and mark the words on the page that you hear in the audio.

3 Do you know other words in Spanish? What are they?

• <u>Activating Spanish</u> • Greetings and Farewells • Asking for and giving personal information • Making Introductions

Comprehension and Oral Expression

4 ¡*Hola!* is a greeting. Do you know other greetings in Spanish?

5 Listen and relate the dialogues with the photos.

6 Classify which of the following are greeting and which are farewells.

Greeting: *Hola...*

Farewells:

¿Qué tal?	*Adiós*
Buenos días	*Hasta luego*
Buenas tardes	*Hasta mañana*
Hasta pronto	*Hola*
Buenas noches	*¿Cómo estás?*

7 Look at the photos in Activity 5. Which of the situations are formal and which are informal? Which greeting can be used in each situation?

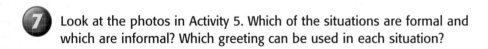

8 Use the greetings and farewells from activity 6 for photos *A* and *B*.

● Now write a greeting or farewell for Photos *c* and *d*.

• Activating Spanish • Greetings and Farewells • Asking for and giving personal information • Making Introductions

9 Listen to the introductions and mark on the chart the information that pertains to contestants 2 and 3.

El concursante 1 se llama Gonzalo Cano, tiene 35 años, es economista y es de Málaga, pero vive en Madrid.

	Concursante 1	Concursante 2	Concursante 3
Gonzalo Cano	X		
Enrique Camino			
Eulalia Márquez			
Estudiante de arquitectura			
Economista	X		
Policía			
Treinta y dos años			
Veinte años			
Treinta y cinco años	X		
Lanzarote			
Madrid	X		
Zamora			

 10 Introduce contestants 2 and 3 to your partner. Use the information and verbs from Activity 9.

es   tiene   se llama   vive

Ejemplo: La concursante número 2 se llama...

 11 Look at the image. Fill-in the nationality and profession of the contestants.

Andrea es _____ y es _____.
Ingrid es _____ y es _____.
Laurent es _____ y es _____.

Gramática (Grammar)
Forms and Functions.

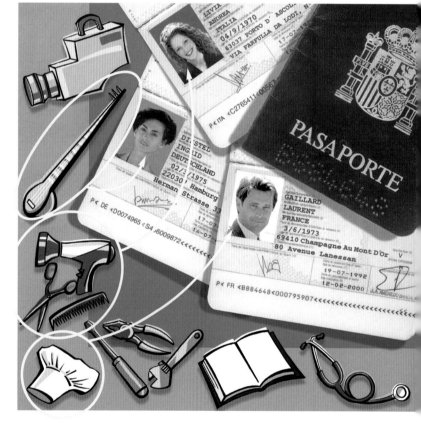

 12 Listen to the messages on the answering machine and complete the exercise.

• Hola. Soy María. Te dejo mi número de móvil. _____. Llámame. ¿Vale?

• Juan, mi número de fax es el _____. Si quieres, puedes mandarme el documento por correo electrónico.
Mi dirección es: _____@_____.es

 13 What are your classmates' names? Make a class list and ask your classmates the information below.

nombre	nacionalidad	correo electrónico
profesión	edad	teléfono

 14 How many nationalities or different ethnic backgrounds are there in the class? How many different professions?

Grammar in Context

Observe the grammar in the texts.

Presentador: *Buenas noches, empezamos el concurso de hoy «¿Qué nos gusta más?» El primer concursante* **se llama Gonzalo Cano, tiene treinta y cinco años, es economista** *y es de Málaga, pero* **vive en Madrid.** *¿Cómo estás Gonzalo?* **Concursante:** *Muy bien, gracias.*

Así hablamos

Stating nationality (or region, city, or town)

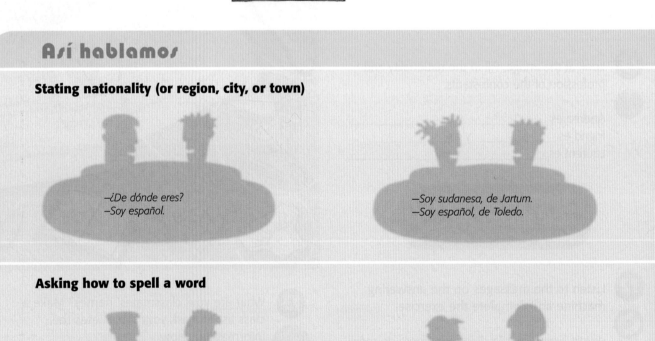

—¿De dónde eres?
—Soy español.

—Soy sudanesa, de Jartum.
—Soy español, de Toledo.

Asking how to spell a word

—¿Cómo se escribe hola en español?
—Se escribe con h.

—¿Cómo se escribe tu apellido, con g o con j?
—Jiménez, con j.

Observe: When we spell a word, we only especify the letter that can be confused *(g/j, b/v, c/z/s)* and if the word is written with or without *h*.

In pairs, chose one of the surnames.
Spell it for you partner.

Jiménez	Giménez
Pérez	Peres
Llobera	Llovera
Espinosa	Espinoza

Focus and Listen Carefully

• ¿Cómo se escribe?

• ¿Cómo se dice *guten tag* en español?

• ¿Qué significa?

• No entiendo. ¿Puedes repetir, por favor?

• Más alto, por favor.

• Más despacio, por favor.

Forms and functions

ALFABETO (ALPHABET)

F G H I J K L
M N Ñ O P Q R S
T U V W X Y Z

NÚMEROS (NUMBERS)

1	uno	17	diecisiete
2	dos	18	dieciocho
3	tres	19	diecinueve
4	cuatro	20	veinte
5	cinco	21	veintiuno
6	seis	30	treinta
7	siete	31	treinta y uno
8	ocho	40	cuarenta
9	nueve	41	cuarenta y uno
10	diez	50	cincuenta
11	once	60	sesenta
12	doce	70	setenta
13	trece	80	ochenta
14	catorce	90	noventa
15	quince	100	cien
16	dieciséis		

VERBOS (VERBS)

LLAMARSE	SER	ESTAR
me llamo	soy	estoy
te llamas	eres	estás
se llama	es	está
nos llamamos	somos	estamos
os llamáis	sois	estáis
se llaman	son	están

TENER	VIVIR
tengo	vivo
tienes	vives
tiene	vive
tenemos	vivimos
tenéis	vivís
tienen	viven

GÉNERO: MASCULINO-FEMENINO
(GENDER: MASCULINE-FEMININE)

italiano	italiana
danés	danesa
belga	belga
abogado	abogada
profesor	profesora
estudiante	estudiante

Appendix
Sections 1, 2, and 3
(pages 111 and 112)

Texts for ... ...introducing yourself in an internet chat

15 Read the contributions of the participants in a *chat*.

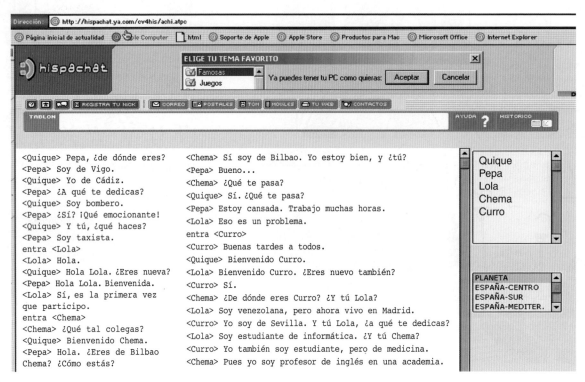

```
Dirección: @ http://hispachat.ya.com/cv4his/achi.atpc

@ Página inicial de actualidad   @ ...ble Computer   html   @ Soporte de Apple   @ Apple Store   @ Productos para Mac   @ Microsoft Office   @ Internet Explorer

hispachat

ELIGE TU TEMA FAVORITO
Famosas                    Ya puedes tener tu PC como quieras:   Aceptar   Cancelar
Juegos

@ @ @ REGISTRA TU NICK   CORREO   POSTALES   TON   MOVILES   TU WEB   CONTACTOS

TABLON                                                          AYUDA ? HISTORICO
```

<Quique> Pepa, ¿de dónde eres?
<Pepa> Soy de Vigo.
<Quique> Yo de Cádiz.
<Pepa> ¿A qué te dedicas?
<Quique> Soy bombero.
<Pepa> ¿Sí? ¡Qué emocionante!
<Quique> Y tú, ¿qué haces?
<Pepa> Soy taxista.
entra <Lola>
<Lola> Hola.
<Quique> Hola Lola. ¿Eres nueva?
<Pepa> Hola Lola. Bienvenida.
<Lola> Sí, es la primera vez
que participo.
entra <Chema>
<Chema> ¿Qué tal colegas?
<Quique> Bienvenido Chema.
<Pepa> Hola. ¿Eres de Bilbao
Chema? ¿Cómo estás?

<Chema> Sí soy de Bilbao. Yo estoy bien, y ¿tú?
<Pepa> Bueno...
<Chema> ¿Qué te pasa?
<Quique> Sí. ¿Qué te pasa?
<Pepa> Estoy cansada. Trabajo muchas horas.
<Lola> Eso es un problema.
entra <Curro>
<Curro> Buenas tardes a todos.
<Quique> Bienvenido Curro.
<Lola> Bienvenido Curro. ¿Eres nuevo también?
<Curro> Sí.
<Chema> ¿De dónde eres Curro? ¿Y tú Lola?
<Lola> Soy venezolana, pero ahora vivo en Madrid.
<Curro> Yo soy de Sevilla. Y tú Lola, ¿a qué te dedicas?
<Lola> Soy estudiante de informática. ¿Y tú Chema?
<Curro> Yo también soy estudiante, pero de medicina.
<Chema> Pues yo soy profesor de inglés en una academia.

Quique
Pepa
Lola
Chema
Curro

PLANETA
ESPAÑA-CENTRO
ESPAÑA-SUR
ESPAÑA-MEDITER.

16 Now complete the information for each of the participants.

Dolores Chávez

a

Es venezolana, pero ahora _____ en Madrid.

Es _____ de informática.

Apodo: _____

Enrique Jiménez Cuenca

b

Es de Cádiz y es _____

Tiene treinta y cuatro años.
Apodo: Quique

José María Saratxo

Es de Bilbao.

Es _____ en una academia.

_____ treinta años.

Apodo: _____

c

Mª José Iribarne Blanco

_____ de Vigo.

_____ taxista.

_____ muy cansada, trabaja muchas horas.

Apodo: _____

Francisco Alegre Díaz

Es de_____. _____ de medicina. Tiene veinticinco _____.

Apodo: _____.

d

e

• Activating Spanish • Greetings and Farewells • Asking for and giving personal information • Making Introductions

Cultures

17 With a group of classmates make a list of Hispanic women's and men's names. The group that lists the most names wins.

Names ♀ : _____

Names ♂ : _____

18 Connect the names with their corresponding informal form or shortened name.

Montse   José María

Juanjo   Mercedes

Francis   José

Pepe   Juan José

Merche   Montserrat

Josema   Francisca

Frequent nicknames/shortened names:

Quique es Enrique   Nacho es Ignacio
Chema es José María   Pepa es María José o Josefa
Charo es Rosario   Lola es Dolores
Curro, Pancho o Paco es Francisco   Manolo es Manuel

One can also "cut" the name:

Toni es Antonio   Maribel es María Isabel
Inma es Inmaculada   Marisa es María Luisa
Fran es Francisco   Manu es Manuel

Maria + name is a frequent first name combination. In this case Maria is usually written Mª:
María Dolores es Mª Dolores

Compound first names are more common in Latin America:
Estela del Carmen, Luis Enrique, Francisco Antonio, José Rafael, Bárbara Patricia, etc.

19 In your country do they have shortened names and nicknames? Do you use the shortened form of your name or a nickname? What do they call you at home? What do your friends call you?

20 Physical contact and physical distance related to greetings and farewells. Are these social norms the same or different in your country, ethnic group, region, etc.?

 21 Find the "hidden" name in the riddle.

En este banco hay un padre y un hijo. El padre se llama Juan. ¿Cómo se llama el hijo?

a

b

22 Look at the two photos and answer the questions about them.
- ¿Cuántas puertas hay en la imagen *a*?
- ¿Cuántas fotografías y cuadros hay en la imagen *b*?
- ¿Cuántas personas hay en la clase?

23 Read these numbers.

NUMBERS THAT PROVIDE INFORMATION

Hotel cinco estrellas   *Cinco tenedores*   *Número de lotería*   *Número de matrícula*   *Número de código postal*   *Un año de edad*

NUMBERS USED TO NAME THINGS

Trébol de cuatro hojas   *4 × 4*   *El 15, el 20*   *La 237*   *El IB 7437*

NUMBERS FOR GAMES

IMPORTANT NUMBERS FOR THE CULTURE

   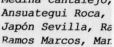 

Con un seis y un cuatro, la cara de tu retrato   *Tres, dos, uno, ¡ya!*   *Dos besos*   *Dos apellidos*   *El número trece*

- Are there special numbers in your culture?
- Do you have a special good luck number?

Final Activity

Objective

Write a personal introduction for a web page or class poster.

Procedures

1 Complete the information card at the right with your personal data

2 Prepare an introduction by yourself or with your classmates. Remember all of the information you learned in this unit.

3 How will you present your information?

✓ Video

✓ Audio cassette

✓ Web page

4 Prepare your presentation.

¡Hola, amigos de 'Así me gusta'!
Me llamo...

¡Así me gusta!
club de amigos

NOMBRE / APODO

NACIONALIDAD

EDAD

DIRECCIÓN

PROFESIÓN

DIRECCIÓN ELECTRÓNICA

Reflection and Sharing

HOW DID YOUR PRESENTATION GO?

Preparing the information			
Talking with your classmates			
Understanding your classmates			
Writing the information			
Making the presentation			

• Activating Spanish • Greetings and Farewells • Asking for and giving personal information • Making Introductions

Self- Evaluation

1

Can I write the questions for these responses?   ☺ *Sí*   ☹ *No* → *(pages 14 and 15)*

– Javier. _____

– Veintitrés. _____

– Venezolano. _____

– Actor. _____

– Sí, es el 3458966. _____

2

Can I complete the following text?
☺ *Sí*   ☹ *No* → *(pages 13 and 16)*

3

Can I write and similar introduction about a famous person from my country?
☺ *Sí*   ☹ *No* → *(pages 13 and 16)*

Te presentamos a una de las actrices españolas más famosas.
Se llama Penélope Cruz, _____ de Madrid _____ unos treinta años y _____ una actriz muy famosa y muy guapa.
Ahora _____ en España y también en EEUU.

4

Can I recognize if these types of greetings can possibly be used in Spain between Spaniards?
☺ *Sí*   ☹ *No* → *(pages 12 and 17)*

a   b   c   d   e

5

Can I complete the following lists?   ☺ *Sí*   ☹ *No* → *(page 17)*
Write five professions, five nationalities, five actions, and five greetings or farewells.

Professions	Nationalities	Actions	Greeting or Farewells

Elige ...
(Choose ...)

1 Observe the photos

–Yo soy alta.
–Yo soy bajo.

–Yo soy morena.
–Yo soy rubio.

–Yo llevo barba.
–Yo llevo bigote.

–Yo tengo los ojos azules. –Yo llevo gafas.

–Yo llevo el pelo largo.
–Yo llevo el pelo corto.

–Yo...
–Yo...

● **Complete the description of the people that appear in the last photo.**

• <u>Physical Descriptions</u> • Character/Personality Descriptions • Identifying Others • Introducing Others
• Giving Opinions and Argumentation

Unit 2

Comprehension and Oral Expression

2 Listen to the dialogue and mark with a (✓) the descriptions given about the boy.

- Es alto. ☐
- Es rubio. ☐
- Es moreno. ☐
- Es bajo. ☐
- Lleva barba. ☐
- Lleva bigote. ☐
- Lleva gafas. ☐
- Tiene los ojos marrones. ☐
- Tiene los ojos azules. ☐

● Describe yourself using three characteristics

Soy _____

Llevo _____

Tengo _____

Gramática (Grammar)
Forms and Functions.

3 Listen to the conversation and write down what the colors mean to the artist.

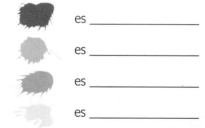

Para el artista el color [■] es _____

[■] es _____

[■] es _____

[■] es _____

4 What is your favorite color?

Ejemplo: *Mi color favorito es...*

5 What do different colors mean to you? Associate each color with an adjective.

Ejemplo: *Para mí el color rojo es alegre, vital...*

triste tranquilo extrovertido natural sofisticado
alegre divertido
aburrido
amarillo naranja marrón
blanco verde rosa gris
azul
rojo negro violeta

• Physical Descriptions • Character/Personality Descriptions • Identifying Others • Introducing Others
• Giving Opinions and Argumentation

6 Choose clothes to wear to the exposition from the catalogue.

Artículo: Color:

7 Who is the artist? Listen to the dialogue and mark the correct options.

– El que lleva pantalones verdes. ☐
– El que lleva bigote. ☐
– El que lleva pantalones rojos. ☐
– El que lleva pantalones azules. ☐

– El que lleva la camisa azul. ☐
– El que lleva la camisa verde. ☐
– El que lleva zapatos azules. ☐
– El que lleva zapatos rojos. ☐

● Now indicate in the photo who is the artist

8 Who is saying what? Relate the dialogues to the people in the image

**Gramática
(Grammar)**
Forms and Functions.

a

– Buenos días, soy Antonia Pérez del periódico *La Luna*.
– Hola, ¿qué tal?
– Bien, gracias.

b

– Antonia, este es Pedro Malaquías, el artista.
– Encantada.
– Encantado. Mucho gusto.
– Y este es Juan, un amigo del artista.
– Encantada.

9 Who am I? Divide the class into two groups.

Grupo A: Describe two people from the other group.

Grupo B: Guess who are the people being described.

Physical Descriptions • Character/Personality Descriptions • Identifying Others • Introducing Others
• Giving Opinions and Argumentation

Grammar in Context

 Observe the grammar in the texts.

> **Chica 1:** *El artista, ¿quién es?*
> **Chica 2:** *Es ese.*
> **Chica 1:** *¿Quién es?*
> **Chica 2:** *El que lleva bigote.*
> **Chica 1:** *Hay dos con bigote.*
> **Chica 2:** *Es verdad. **El que lleva los pantalones azules.***
> **Chica 1:** *¿Y la camisa rosa?*
> **Chica 2:** *No, ese no. El que lleva la camisa verde claro.*
> **Chica 1:** *¿Y los zapatos rojos?*
> **Chica 2:** *Exacto, ese es. Sí, ese es.*
> **Chica 1:** *Pues, no **es muy discreto** en su forma de vestir.*

Este, ese, aquí, ahí

Describing

Así hablamos

Identifying someone using pronouns:

Profesor: *¿Y tú cómo te llamas?*
Estudiante: *Me llamo Antonio.*

Profesor: *¿Cómo te llamas?*
Estudiante 1: *Me llamo Adriana.*
Profesor: *¿Y tú?*
Estudiante 2: *¿Yo?*
Profesor: *Sí, tú.*
Estudiante 2: *Yo, Antonio.*

Observe: Compare the pronoun use in the two dialogues. Take note that in the second dialogue the pronoun is necessary for identification.

Talking about *tú* and *usted*:

—*¿Qué tal? ¿Cómo está usted?*
—*Bien, pero tutéame, por favor.*
—*Bueno, pues ¿cómo estás?*
—*Bien, y ¿tú?*

Observe: Two forms of the pronoun *you* exist in Spanish – one formal (*usted/ustedes*) and one informal (*tú/vosotros*)

Observe: *Tutear* means to address someone using the informal *tú*.

Identifying a person by characteristics

Intensifiers

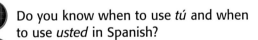

BAJITA NORMAL ALTA BASTANTE ALTA MUY ALTA

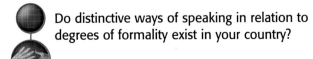

Do you know when to use *tú* and when to use *usted* in Spanish?

Indicate with whom and in what situations you would use *tú* and *usted*.

Ejemplo: *Con un amigo hablo de tú.*
En la consulta del médico hablo de usted.

Do distinctive ways of speaking in relation to degrees of formality exist in your country?

Forms and Functions

DESCRIBING

• **Physical:**

SER

muy		alto/bajo
bastante	+	gordo/delgado
poco		joven/viejo
no ser nada		rubio/moreno

TENER

ojos azules
ojos verdes
ojos marrones
nariz
boca
orejas } ← grande(s) / pequeña(s)

LLEVAR

pelo largo/corto

bigote
barba
gafas
camiseta
pantalón
vestido
sombrero

• **Character:**

SER + adjetivo : *María es simpática, alegre y extrovertida.*

IDENTIFYING A PERSON BY CHARACTERISTICS

El que lleva gafas es Juan.
La que tiene el pelo negro es Irene.

EXPRESSING AN OPINION

Para mí el color rojo es alegre.

EXPRESSING A RELATIONSHIP BETWEEN TWO PEOPLE

Este es el amigo del artista.

EXPRESSING A RELATIONSHIP BETWEEN PEOPLE AND OBJECTS

Este es el coche de Juan.

ASKING ABOUT AND GIVING A REASON OR CAUSE

¿Por qué? pregunta por la causa o razón:
  ¿Por qué estudias español?
  Porque quiero viajar: (porque + presente)
  Para viajar y para conocer gente. (para + infinitivo)

GÉNERO Y NUMERO (GENDER AND NUMBER)

• **Singular/plural:**

falda	faldas	reloj	relojes	verde	iraní
rojo	rojos	azul	azules	verdes	iraníes

• **Unchanging gender:**

rosa	verde	naranja	azul
marrón	gris	violeta.	

Appendix
Sections 4, 5, 6, 7 and 8
(pages 112 - 116)

Texts for .... presenting information

10 What do you think of the Spanish language?

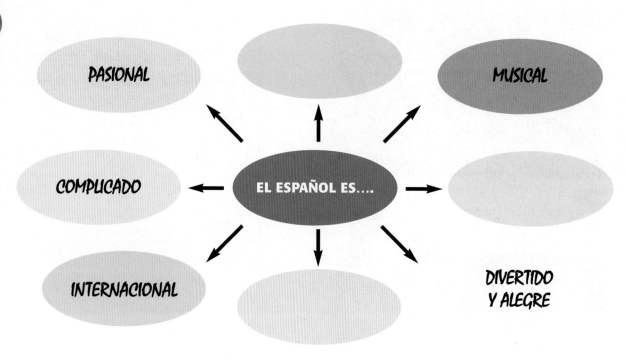

PASIONAL

MUSICAL

COMPLICADO

EL ESPAÑOL ES....

INTERNACIONAL

DIVERTIDO Y ALEGRE

● Compare your information with your classmates.

11 Read the text

Muchas personas estudian español en el mundo

La gente habla español en muchos países, por eso muchas personas aprenden español en el mundo.

En Iberoamérica, en todos los países hablan español, pero no en Brasil. Allí la gente habla portugués. Lo s brasileños también estudian español en las escuelas para comunicarse, para viajar y porque quieren hacer negocios y trabajar con los países que hablan español y que forman la organización MERCOSUR. En Estados Unidos el español es la lengua extranjera que más se habla y más se estudia. Allí muchos medios de comunicación como los periódicos, cadenas de televisión o emisoras de radio son exclusivamente en español.

En general, muchas personas en el mundo estudian español.

¿Por qué? Hay muchas razones: unos para encontrar trabajo, para viajar, para conocer la cultura, el arte o la música hispana. Otros para hablar con amigos españoles o iberoamericanos o porque quieren estudiar en algunos de sus países. También muchas personas estudian español porque trabajan en algún país de habla hispana o porque tienen un novio o una novia que habla español, o simplemente porque les gusta la lengua.

● And why are you studying Spanish?

Ejemplo: *Yo estudio español porque... y para...*

● Do many people in your country study Spanish? And other languages?

• Physical Descriptions • Character/Personality Descriptions • Identifying Others • Introducing Others
• Giving Opinions and Argumentation

Cultures

12 Colors used to identify places. Are there similar examples in your country?

Pueblos Blancos

España verde

Casa Rosada Argentina

Costa Dorada

Costa Blanca

13 Complete the names of these colors using the information given in each image.

azul *cielo*_____

amarillo_____

verde_____

gris_____

verde_____

● In your language are these colors called the same as in Spanish?

• Physical Descriptions • Character/Personality Descriptions • Identifying Others • Introducing Others
• Giving Opinions and Argumentation

Unit 2

Point of View

14 Many times people are defined by the objects they normally use in their professions or occupation. What do the people in pictures *a-b* do for a living?

● One can also identify professions by clothes. What are the people's professions in photos *c* and *d*?
Ejemplo: *Uno es... porque lleva... y el otro...*

● You can also define people by their physical characteristics or by the clothes they wear.
Ejemplo: *Pinocho es famoso porque tiene... y Caperucita roja porque...*

 15 Think of different professions and famous people. Your partner has to ask you questions in order to guess the person or the profession. You can only answer sí (yes) or no (no)
Ejemplo:
Alumno A: *¿Lleva un uniforme de color blanco, camisa blanca y pantalón blanco?*
Alumno B: *Sí.*
Alumno A: *¿Es una enfermera?*
Alumno B: *No.*
Alumno A: *¿No? Pues, ¿es un médico?*
Alumno B: *Sí, es un médico.*

Pause

What does the term "good student" mean to you? Mark the definitions that apply.

- hablador
- abierto
- paciente
- serio
- cerrado
- meticuloso
- tranquilo
- aburrido
- tolerante
- tímido
- ambicioso
- simpático
- trabajador
- nervioso
- divertido

● Talk about your choices with your classmates. Do you have the same or different opinions?

Remember Motivation is important. Step by step and forward!

- Physical Descriptions • Character/Personality Descriptions • Identifying Others • Introducing Others
- Giving Opinions and Argumentation

Final Activity

Objective

Introduce the class as a group according to its characteristics.

Procedures

You need poster board or a large piece of paper

1 Around the paper write your names and an adjective that describes your personality.

2 Write why and for what purpose you're studying Spanish.

3 Choose your group's colors.

Soy Peter. Soy tímido. Soy Mary. **Soy extrovertida.** Soy Caterina. Soy alegre.

Queremos estudiar español para viajar, leer, ver películas en español

y porque queremos conocer gente, aprender otro idioma...

Los colores del grupo son:

Soy Sean. Soy atractivo. Soy...

Reflection and Sharing

HOW DID YOUR PRESENTATION GO?

• Defining Character

• Explaining why you're studying Spanish

• Finding similar interests as a group

• Physical Descriptions • Character/Personality Descriptions • Identifying Others • Introducing Others • Giving Opinions and Argumentation

Self-Evaluation

1 Can I group the following adjectives?

alto, inteligente, pasional, complicado, bajo, moreno, introvertido, rubio, triste, serio, divertido, gordo

Carácter: Físico

SÍ   No (page22)

2 What do I say in these situations?

- Te presentan a un compañero de clase: _____
- Te presentan a un profesor: _____
- Te presentan a los padres de un amigo: _____

SÍ   No (page 23)

3 Can I find the errors in the text? Help your partner correct this note. There are two errors.

Hola, Mª José, ¿qué tal?, ¿cómo está? Tengo un teléfono nuevo, es
un móvil muy moderna. Mi número es el 985 724 046.
                                                                    Pepe

SÍ   No (pages 24 y 25)

4 What verbs do I need to describe a person's personality and physical aspects?

SÍ   No (pages 21 y 25)

5 Do I know how to talk about a person's personality and physical aspects?
Make sentences using elements from each of the three columns.

Ella	lleva	bigote
Estos chicos	es	una chaqueta roja
El artista	somos	gafas
Nosotros	tienen	unos zapatos nuevos
Vosotros	lleváis	extrovertidos

SÍ   No (pages 21, 22 y 23)

6 Do I know how to describe people? Describe a boy and a girl.

7 What do I say in order to give an opinion?

SÍ   No (pages 25 and 26)

SÍ   No (pages 21, 22 y 23)

Dime qué te gusta
(Tell Me What You Like)

1 Listen to these sounds. Are some of them positives and others negative for you?

a)_____ b)_____ c)_____ d)_____ e)_____

2 Listen and relate the dialogues to the photos.

3 And you? What are your likes and dislikes?

• Expressing likes/dislikes • Talking about interests/hobbies • Reacting to things you like
• Expressing gratitude/thanks

treinta y una

31

Comprehension and Oral Expression

4 Listen and relate the dialogues to the photos.

5 Listen to the dialogues again and complete the sentences.

a) ¡Qué bueno! _____ el helado.
b) ¿Nadar ahora? ¡Ah no!, yo no me meto. _____ el agua fría.
c) _____ los lunes, el tráfico, los coches.
d) ¡Ay Alejandro Sanz! _____.
e) Pues, la verdad, esta música puede ser muy buena, pero a mí _____.

Gramática (Grammar)
Forms and Functions.

6 Classify the expressions used in the previous activity and complete the blanks in the illustration.

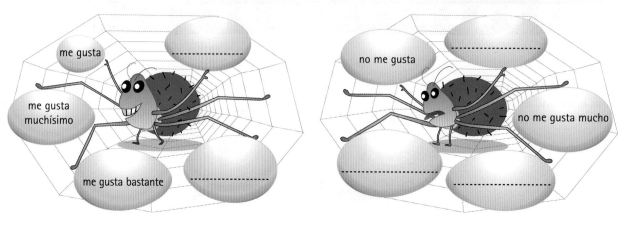

me gusta

me gusta muchísimo

me gusta bastante

no me gusta

no me gusta mucho

• Expressing likes/dislikes • Talking about interests/hobbies • Reacting to things you like
• Expressing gratitude/thanks

7 Imagine what are the likes/dislikes of the people in images *a-d*.

ir de copas	la ópera	pasear	los conciertos	los gatos
los deportes	correr	los niños	leer	la lluvia
charlar/hablar con amigos	el cine	los animales	los perros	los dulces

● Now listen and check your responses. Do the people in the images have the likes/dislikes you listed?

8 Listen and Respond. Do you have the same likes/dislikes as the following people?

a) *Pues a mí me gusta...* _____
b) _____
c) _____
d) _____
e) _____
f) _____
g) _____

me gusta

a mí también

a mí, no

no me gusta

a mí tampoco

a mí, sí

Gramática (Grammar)
Forms and Functions.

9 And you? What do you like/dislike? Complete the list according to your likes and dislikes.

Me encanta	Me gusta mucho	Me gusta	No me gusta	No me gusta nada
	El cine			
La playa				

10 Compare your list with your partner's.

• Expressing likes/dislikes • Talking about interests/hobbies • Reacting to things you like
• Expressing gratitude/thanks

Grammar in Context

Observe the grammar in the texts.

El primer plato después del curso de cocina…

El primer jersey después del curso de labores…

El primer cuadro después del curso de pintura…

El primer concierto después del curso de guitarra…

El primer día después del curso de jardinería…

El primer recital de canto…

Así Hablamos

Emphasizing Information:

–¿Te gusta viajar?
–¿Viajar?, ¿a mí?
–Sí, sí, a ti.
–Pues…, a ver…, no sé… Me gusta viajar, conocer otros países, otra gente, pero no me gustan los aeropuertos, ya sabes, esperar en los aeropuertos…, eso no me gusta nada, es que no soporto esperar.

–¿Te gusta viajar?
–Me gusta viajar, conocer otros países, otra gente, pero no me gusta esperar en los aeropuertos. No soporto esperar.

Observe: Compare these conversations. Observe that in the first dialogue there are words that aren't in the second dialogue. Which are they? Repeating words serves to check to see if we understand the question or they are used to give us time while we think of a reply.

Chica 1: *¡Mira, mira! Es Marta.*
Chica 2: *Sí, y con un novio nuevo.*
Chica 1: *¡Qué feo es!*
Chica 2: *Pues **a mí me gusta**, es como Antonio Banderas.*
Chica 1: *¡Qué dices!*

Reacting to the Likes and Dislikes of Others

When speaking, we repeat some words like *bueno, pues, a ver, es que,* etc.

Do you use these words when you speak Spanish? And your classmates?

Forms and Functions

EXPRESSING LIKES AND DISLIKES

- **Verbos GUSTAR y ENCANTAR:**
  (A mí) me gusta/n
  (A ti) te gusta/n
  (A él) le gusta/n
  (A nosotros) nos gusta/n
  (A vosotros) os gusta/n
  (A ellos) les gusta/n

- **Me gusta/encanta + nombre singular:**
  –¿Te gusta el verano?
  –Sí, me encanta.

- **Me gusta/encanta + verbo:**
  Me encanta/me gusta ir a la playa.

- **Me gustan/encantan + nombre plural:**
  Me gustan las playas con poca gente.

- **Verbo SOPORTAR:**
  soporto
  soportas
  soporta
  soportamos
  soportáis
  soportan

  No soporto el tráfico.
  No soporto los lunes.

REACTING TO THE LIKES AND DISLIKES OF OTHERS

Estar de acuerdo:	No estar de acuerdo:
A mí también.	A mí sí.
A mí tampoco.	A mí no.

EXPRESSING DEGREES OF LIKES AND DISLIKES

Este cuadro me gusta muchísimo. (✓✓✓✓✓)
Este cuadro me gusta mucho. (✓✓✓✓)
Este cuadro me gusta bastante. (✓✓✓)
Este cuadro no me gusta mucho. (✓✓)
Este cuadro no me gusta. (✓)
Este cuadro no me gusta nada. (Ø)

Appendix
Sections 9 and 10
(page 116)

Texts for .... Describing

11 What figure do you like best? Choose one.

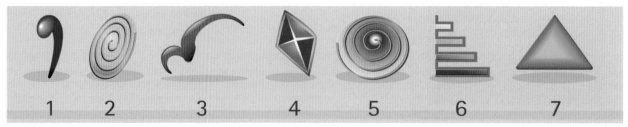

1   2   3   4   5   6   7

12 Now read these descriptions.

1. Eres especial. Eres idealista y sensible. Te gusta la música clásica y la perfección. Te encanta la pintura realista. No te gusta el rock ni el arte abstracto. No soportas la rutina ni la monotonía.

2. Tu vida es un caos. Te gustan los extremos: estar solo y con mucha gente, el mar y la montaña, el campo y las grandes ciudades, la carne y el pescado. Tu vida está llena de problemas y de decisiones.

3. No, no es un pájaro. Es un tres al revés. Así es tu vida. No te gusta el alcohol, y tus amigos te regalan vino. No te gusta bailar, y trabajas en una discoteca. Te gustan los/las morenos/as y tu pareja es rubio/a.

4. Eres ordenado, pero no mucho. Te gusta la puntualidad, pero no mucho. Te gusta trabajar, pero solo tres días por semana. Te gustan las aventuras, pero controladas. Te gustan los libros, pero con pocas páginas. Te gusta…, pero…

5. Eres el centro del Universo. Te gusta tu casa, tu coche, tus amigos, tu ropa, tus discos, tu familia. Te gustan tus cosas. Te gusta todo lo tuyo. ¡Te gustas mucho! Eres fantástico.

6. La vida es difícil. Te gustan las matemáticas. Te gusta escalar montañas muy altas. Te gusta el tráfico. Te gustan las películas extranjeras subtituladas. ¡Qué complicado eres!

7. Tu vida está llena de paz y armonía. Te gusta el equilibrio, la buena comida, los buenos vinos, charlar con tus amigos, las fiestas familiares… Eres perfecto.

● Do you agree with the personality description? Talk with your classmates. Are their likes and dislikes the same as yours

13 Read the following text. Complete the text about Lucrecia using the information from the two boxes.

Lucrecia es una cantante cubana que vive en Barcelona. Su música es una mezcla de música caribeña, pop, *rap* y canciones melódicas. Es una persona muy extrovertida, alegre y cariñosa. Lleva un peinado muy original.
1. Le gusta ser espontánea.
2. Antes de cantar le gusta hacer flexiones para relajarse.
3. No le gusta la gente introvertida.
4. Su rincón favorito es su cama.
5. Le encanta el chocolate.

LE GUSTA / DETESTA
Vicio: chocolate / hacer ejercicio
Actividad cotidiana: ver la televisión / planchar
Música: salsa / rock
Estilo de vida: vida tranquila / agitada

LE GUSTA / DETESTA
Músico: Celia Cruz / Silvio Rodríguez
Actor: Tom Cruise / Bruce Willis
Comida: pasta / verdura

14 Prepare a questionnaire about likes and dislikes using the categories from the boxes in the previous activity and ask your classmates about them. Afterwards present the information you have compiled to the rest of the class.

• Expressing likes/dislikes • Talking about interests/hobbies • Reacting to things you like
• Expressing gratitude/thanks

Cultures

15 Which photo seems most representative of Spain? Of Latin America? Compare your information with that of your classmates.

● What do you like about Spain and Latin America?

16 Some students studying Spanish talk about what they like and dislike about Spain. Do you know Spain or another Latin American country? What's your opinion of it?

• Expressing likes/dislikes • Talking about interests/hobbies • Reacting to things you like
• Expressing gratitude/thanks

Point of View

17 Observe how Juanjo, the boy in the photo, expresses gratitude to his friends for the gifts.

Una cafetera, ¡qué bonita! No tengo ninguna. Muchas gracias, de verdad.

Gracias. ¡Qué bien! ¡Qué bonita!

Pues, gracias. Me gusta mucho el café.

Gracias... Gracias...

¡Ah! Una cafetera.

● Do you think he responds with the same degree of gratitude in each of the five situations?
● Do you think he shows the same degree of sincerity in each of the five situations? Do you think he liked all of the gifts?
● In your culture would the response be similar in this type of situation? Can you tell someone directly that you didn't like his/her gift? Compare your information with that of your classmates.

18 Your friend has given you these gifts. What would you say to him/her for each of the gifts?

a

b

c

d

• Expressing likes/dislikes • Talking about interests/hobbies • Reacting to things you like
• Expressing gratitude/thanks

Final Activity

¿Qué te gusta hacer a ti?

Objective

Placing an ad in order to find people to form a study group and to participate in extra-curricular activities in Spanish outside of class

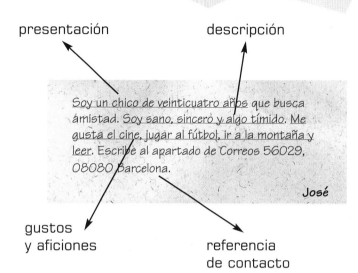

presentación

descripción

Soy un chico de veinticuatro años que busca amistad. Soy sano, sincero y algo tímido. Me gusta el cine, jugar al fútbol, ir a la montaña y leer. Escribe al apartado de Correos 56029, 08080 Barcelona.

José

gustos y aficiones

referencia de contacto

Procedures

1 Write an ad.

2 You can: a) Follow the model

b) Work alone, in pairs, or in a group

c) Choose where you want to place the ad, for example:
   • on the class/school bulletin board
   • in the school newspaper/magazine
   • on the school's internet site

3 Read your classmates' ads and choose the one you like the best or the one that seems the most like yours

Reflection and Sharing

HOW DID YOUR AD GO?

• Elaborating your self-description

• Understanding your classmates' ads

• Finding classmates with similar interests and likes

• Creating a study group

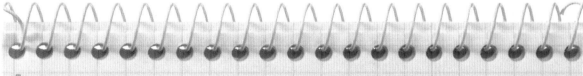

• Expressing likes/dislikes • Talking about interests/hobbies • Reacting to things you like
• Expressing gratitude/thanks

Self - Evaluation

1 Can I talk about my likes and dislikes?

Write three sentences:

1. Me gusta _____
_____.

2. Me gustan mis amigos. A ellos les gusta _____
_____.

3. No soporto _____
_____.

 Sí No *(page 32)*

2 Can I understand others when they talk their likes/dislikes/interests/hobbies?

Ask your partner what s/he likes about his/her city.

Sí No *(page 33)*

3 Do I know how to say that I like something a lot?

Y digo _____.

Sí No *(page 33)*

4 I understand texts that talk about likes /dislikes and I understand the vocabulary?

Soy una chica normal. Me gusta ir al cine, ver la televisión, salir con mis amigos y sobre todo reírme mucho. Uno de mis cantantes preferidos es Chayane. ¡Me encanta!

No soporto los días de lluvia, ni el queso… Me gustan mucho los pasteles. Sin embargo los dulces no me dicen nada.

Sí

No *(page 36)*

Vive día a día

(Daily life)

 Read the following dialogue

● And what do you think? Are the statements made true or false?

• Talking about daily life schedules • Talking about habitual actions • Giving opinions • Reacting to observations
• Talking about the family

Comprehension and Oral Expression

2 Complete the blanks in the texts in the drawing. Afterwards listen to some friends talking about daily activities in Spain. Note down the hour in the clocks with question marks.

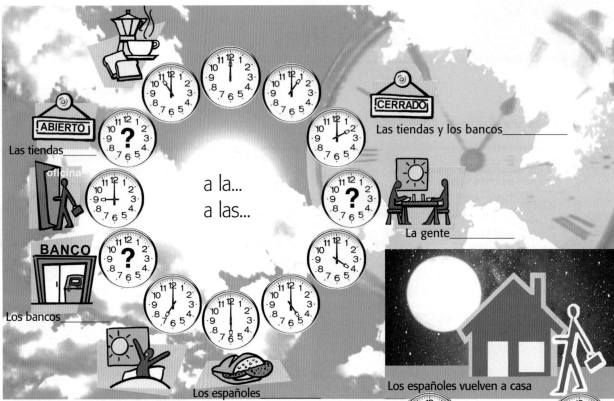

¡ABIERTO!

Las tiendas_____

oficina

BANCO

Los bancos _____

Los españoles_____

a la...
a las...

¡CERRADO!

Las tiendas y los bancos_____

La gente_____

Los españoles vuelven a casa

3 Now listen and write down the daily life timetables/schedules of other countries.

Cenan a las Se acuestan a las

Horarios	Italia	Alemania
Comida		
Cena		
Cierran los restaurantes		

● Are the schedules in Germany and Italy the same as those in Spain?

4 Ask your partner if the daily life schedules in his/her country are the same as or different from Spain's.

¿A qué hora...
...se levanta/acuesta la gente?
...la gente empieza a trabajar /termina de trabajar?
...la gente hace la compra?
...sale el último tren, metro, autobús?

Ejemplo: *En España la gente se levanta a las 7 h, pero en mi país se levanta a las...*

Gramática (Grammar)
Forms and Functions.

¿Qué hora es? *(What time is it?)*

Son las 2 h (dos). → This is the normal way people state the time.
Son las 14.00 h (catorce horas). → This is how the time is stated in airports, stations, television or radio programs, etc.

en punto | y cuarto / y 15 minutos | y media / y 30 minutos | menos cuarto / menos 15 minutos

de la mañana | de la tarde | de la noche

• Talking about daily life schedules • Talking about habitual actions • Giving opinions • Reacting to observations
• Talking about the family

 5 Listen and relate the information to the country spoken about.

Reino Unido

EEUU

- Los coches son muy importantes.
- Hay muchos días de fiesta.
- La comida es diferente.
- Por la noche, son normales las cenas de negocios.
- La gente va a la playa no solo en verano.

España

Colombia

Japón

Gramática (Grammar)
Forms and Functions.

6 Listen to the audio for Activity 5 again and note down the corresponding opinion in the blanks for the following sentences.

a) El señor español que viaja con su esposa opina que en Reino Unido las tiendas _____

b) La chica colombiana opina que los españoles _____

c) El estudiante estadounidense opina que en su país la gente no _____

d) La chica japonesa cree que los españoles _____

7 What do people in your country think of Spaniards? And of people from other countries where they speak Spanish?

En mi país la gente opina que los españoles son muy aburridos.

¡Hala! ¡Qué dices!

Pues, yo creo que la mayoría de los españoles...

Frequency of activities

siempre (todos los días, semanas, meses...)
muchas veces
normalmente
a veces
pocas veces
casi nunca
nunca

The number of people

todos (los) / casi todos (los) españoles...
la mayoría (de)... / muchos / mucha gente...
algunos / algunas personas...
pocos / pocas personas...
casi nadie...
nadie...

● What do you think of your classmates' observations? React with phrases that show agreement, surprise, or disagreement.

• Talking about daily life schedules • Talking about habitual actions • Giving opinions • Reacting to observations
• Talking about the family

Grammar in Context

 Observe the grammar in the texts.

Reacting to Observations

Así hablamos

Reacting Spontaneously to an Opinion Expressed by Another:

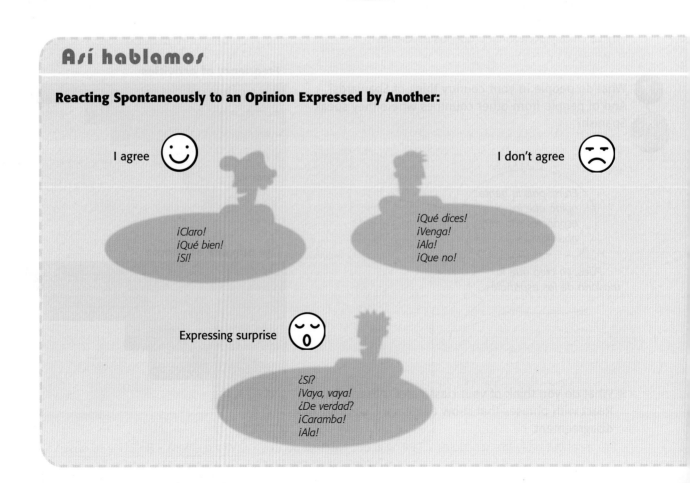

I agree
¡Claro!
¡Qué bien!
¡Sí!

I don't agree
¡Qué dices!
¡Venga!
¡Ala!
¡Que no!

Expressing surprise
¿Sí?
¡Vaya, vaya!
¿De verdad?
¡Caramba!
¡Ala!

> **Chico estadounidense:** *En los Estados Unidos,* **la mayoría de** *la gente* **trabaja siempre***, siempre.*
> **Entrevistador:** *¡Qué dices!*
> **Chico estadounidense:** *Sí, ¡ah!... Y otra cosa más es que aquí en España,* **normalmente** *no voy en coche, aquí* **paseo mucho***, pero en Estados Unidos* **siempre voy en coche** *a todas partes.*

Frequency of Actions

¡QUÉ VIDA! SIEMPRE ME LEVANTO A LAS 7h.

¡QUÉ VIDA! POCAS VECES ME ACUESTO A LAS 10h.

How would you react to each of the statements? Write your response for each statement.

a) Todos los hombres españoles llevan bigote.
b) Los italianos siempre comen pasta.
c) La mayoría de los españoles tienen dos casas.
d) La gente en España siempre grita.
e) En Iberoamérica siempre hacen fiestas.
f) Los europeos no se divierten.
g) Los españoles solo comen tapas.
h) Todos los que hablan español son españoles.
i) Los españoles se acuestan siempre tarde.
j) Los españoles trabajan más de ocho horas diarias.

● Listen to how others react to the statements.

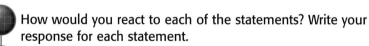

Forms and Functions

PRESENTE (SIMPLE PRESENT TENSE)
• Regular:

TRABAJAR (-AR)	BEBER (-ER)	ESCRIBIR (-IR)
trabaj-**o**	beb-**o**	escrib-**o**
trabaj-**as**	beb-**es**	escrib-**es**
trabaj-**a**	beb-**e**	escrib-**e**
trabaj-**amos**	beb-**emos**	escrib-**imos**
trabaj-**áis**	beb-**éis**	escrib-**ís**
trabaj-**an**	beb-**en**	escrib-**en**

• Irregular:
  Tipo **-ar:** *empezar*
  Tipo **-er:** *querer*
  Tipo **-ir:** *dormir*

• Reflexive:
  Casarse y *levantarse* son verbos llamados reflexivos y llevan pronombre (*me, te, se...*).
    (yo) **me** *levanto*
    (tú) **te** *levantas*
    (él) **se** *levanta*
    (nosotros) **nos** *levantamos*
    (vosotros) **os** *levantáis*
    (ellos) **se** *levantan*

ADJETIVOS POSESIVOS (POSSESSIVE ADJECTIVES)

singular		plural	
mi		mis	
tu		tus	
su		sus	
nuestro/a	padre	nuestros/as	hermanos
vuestro/a		vuestro/as	
su		sus	

VOCABULARY
• Family:

masculino (masculine)	femenino (feminine)
padre	madre
hijo	hija
esposo	esposa
suegro	suegra
yerno	nuera
marido	mujer
tío	tía
sobrino	sobrina

ORGANIZING INFORMATION
Primero *me ducho, me visto, me peino,* **luego** *desayuno, escucho las noticias de la radio y* **después** *me voy al trabajo.*

Appendix
Sections 11, 12, 13 and 14
(pages 116 and 117)

Texts for ...   ... writing a personal letter

8 Read the letter from a Spaniard studying English in the United States.

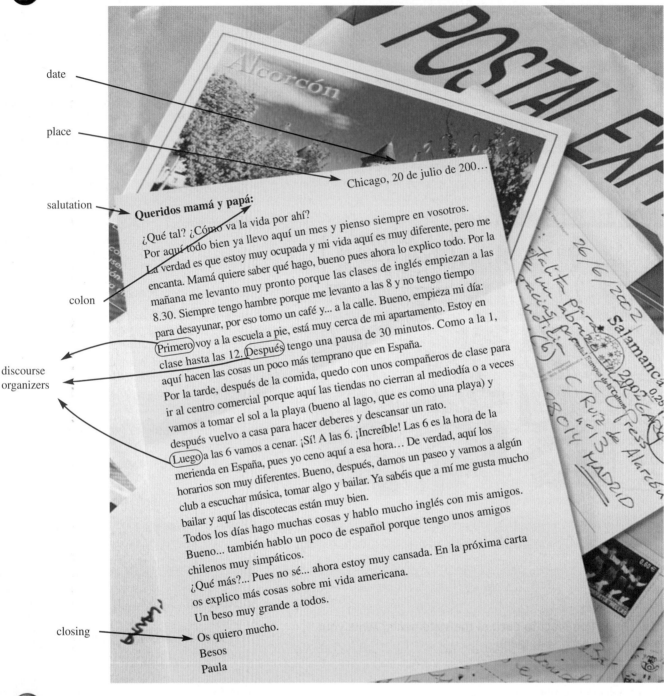

date

place

Chicago, 20 de julio de 200...

salutation

Queridos mamá y papá:

¿Qué tal? ¿Cómo va la vida por ahí?

Por aquí todo bien ya llevo aquí un mes y pienso siempre en vosotros.

La verdad es que estoy muy ocupada y mi vida aquí es muy diferente, pero me encanta. Mamá quiere saber qué hago, bueno pues ahora lo explico todo. Por la

colon

mañana me levanto muy pronto porque las clases de inglés empiezan a las 8.30. Siempre tengo hambre porque me levanto a las 8 y no tengo tiempo para desayunar, por eso tomo un café y... a la calle. Bueno, empieza mi día:

Primero voy a la escuela a pie, está muy cerca de mi apartamento. Estoy en clase hasta las 12. Después tengo una pausa de 30 minutos. Como a la 1,

discourse organizers

aquí hacen las cosas un poco más temprano que en España.

Por la tarde, después de la comida, quedo con unos compañeros de clase para ir al centro comercial porque aquí las tiendas no cierran al mediodía o a veces vamos a tomar el sol a la playa (bueno al lago, que es como una playa) y después vuelvo a casa para hacer deberes y descansar un rato.

Luego a las 6 vamos a cenar. ¡Sí! A las 6. ¡Increíble! Las 6 es la hora de la merienda en España, pues yo ceno aquí a esa hora... De verdad, aquí los horarios son muy diferentes. Bueno, después, damos un paseo y vamos a algún club a escuchar música, tomar algo y bailar. Ya sabéis que a mí me gusta mucho bailar y aquí las discotecas están muy bien.

Todos los días hago muchas cosas y hablo mucho inglés con mis amigos.

Bueno... también hablo un poco de español porque tengo unos amigos chilenos muy simpáticos.

¿Qué más?... Pues no sé... ahora estoy muy cansada. En la próxima carta os explico más cosas sobre mi vida americana.

Un beso muy grande a todos.

closing

Os quiero mucho.

Besos
Paula

9 Which of these topics appear in Paula's letter?

- Saludos
- Trabajo
- Comida
- Horarios de las tiendas
- Cosas que le gustan
- Ropa que lleva

- Nombres de lugares importantes en la ciudad
- Cómo es la gente de Chicago
- Los nombres de sus amigos
- La nacionalidad de sus amigos
- A qué hora se acuesta
- Cómo es la escuela donde estudia

10 Write a letter to someone in your family and explain in chronological order what you do in a typical day.

• Talking about daily life schedules • Talking about habitual actions • Giving opinions • Reacting to observations
• Talking about the family

Culturas

11 Read this report about Spanish families.

LA VIDA EN FAMILIA EN ESPAÑA

Se llaman Mikel y Mercedes, están casados y tienen una hija de cinco años, Maite. Mikel trabaja como arquitecto y Mercedes como secretaria ejecutiva de una empresa farmacéutica alemana. Viven en un piso propio de tres habitaciones en Portugalete (Bilbao). En casa hablan euskera y castellano porque Mercedes es asturiana.

Su hija va a una *Ikastola*, un colegio vasco. No quieren tener más hijos porque no quieren tener problemas económicos y así poder ir, por ejemplo, todos los años de vacaciones al extranjero o salir cada fin de semana a cenar o a esquiar porque les gusta mucho. También quieren comprarse un apartamento en Santander. Les gusta celebrar todos los cumpleaños con la familia, las fiestas de la ciudad y especialmente las Navidades.

Se llama Nuria y tiene cuarenta y tres años. Está separada y vive con su hija, María, de siete años. Nuria vive en Barcelona en un piso alquilado de tres habitaciones y es maestra en un colegio. Hablan catalán y castellano, pero en casa hablan solo en catalán. Toda la familia de Nuria es de Salou, Tarragona. Nuria trabaja en la escuela por la mañana y por la tarde, da clases particulares de música en otra escuela para poder ganar un dinero extra y pagar la canguro que lleva y recoge a su hija del colegio. María empieza el colegio a las 9 h y sale a las 17 h. Nuria quiere ahorrar para comprar un piso, pero ahora están muy caros. Le gustan mucho las fiestas y celebra su cumpleaños, su santo y los de su hija. No le gustan las Navidades porque para ella son tristes, pero le encanta la fiesta de San Juan, el 23 de junio, para celebrar el comienzo del verano.

Son la familia Pardo: José, Pilar, sus hijos Javier y Yolanda y la abuela Carmen, la madre de Pilar, que tiene su piso, pero ahora está un poco enferma y vive una temporada con ellos. Viven en Madrid en un piso propio de cuatro habitaciones. José es constructor y Pilar es ama de casa. Hablan castellano. Javier estudia medicina y tiene veintitrés años y Yolanda es abogada y tiene veintinueve. Viven todos juntos y tienen una buena relación. Yolanda tiene dinero para un piso, pero no quiere vivir sola. Tienen un apartamento en la sierra donde pasan los fines de semana y las vacaciones. Siempre tienen alguna celebración: cumpleaños, santos, Navidades, las fiestas madrileñas de San Isidro y claro, todos los domingos comen en familia, todos juntos.

- Do these families seem like families from your country?
- Present a family from your country to the class. Follow the model used in the text about Spanish families.

Spanish in Spain – Latin America
- Spain - Within the family *papá* and *mamá* are used. Outside of the family *padre* and *madre* are used. *Papi* and *mami* are affectionate forms of *papá* and *mamá*.
- Latin America – It's typical to say *mi papá* and *mi mamá* or *mis papás*. *Papi* and *mami* are affectionate terms used between boyfriends and girlfriends

Uses and Meanings of Some Words
- In Spain the words *tío/tía* (uncle/aunt) have various uses:
  - *Tío/tía:* denotes a family relationship (uncle/aunt).
  - *Tío/tía:* colloquially used to talk about a man or a woman
  - *Tío/tía:* can be used colloquially in greetings and reactions with friends: *¡Hola, tío!, ¡Que va tío!*
- *Primo/a* (cousin) can mean *colega* (friend). It can also mean *tonto* (fool).
- In Mexico *algo padre* means something is "muy bueno" (very good).

• Talking about daily life schedules • Talking about habitual actions • Giving opinions • Reacting to observations
• Talking about the family

Point of View

12 Observe the photos and discuss the questions with your classmates:

• Is food important in your culture?
• When do you get together with your family for meals?
• When you are invited to eat at someone's house do you bring a gift?

El domingo a las dos: invitación para comer.

13 Complete the test about the customs of a good guest. At the end tell the class your responses and read the interpretation of the corresponding results.

¿Eres un buen invitado según la cultura hispana?				
	Sí	**No**	**A veces**	**Resultados**
1. ¿Visitas a la gente a la hora de comer?				**Mayoría Sí:** Puedes tener serios problemas como invitado en una casa de españoles. Seguro que tú haces todo sin pensar y no ves la cara que tienen los demás cuando haces todas estas cosas. Una recomendación: pregunta a tus amigos cómo debes comportarte en estas situaciones.
2. ¿Llegas a comer mucho antes de la hora de la invitación?				
3. ¿Llegas sin algún regalo?				
4. ¿Entras en la cocina para mirar que hay para comer?				**Mayoría A veces:** Bueno, no está mal. Podemos invitarte a cenar, pero todavía necesitas ayuda para mejorar. Habla con tus amigos, ellos te pueden ayudar a ser el invitado perfecto en la cultura hispana. Tienes muchas posibilidades de ser un número uno.
5. ¿Te sirves la comida tú mismo sin preguntar?				
6. ¿Te sientas el primero a la mesa?				
7. ¿Te levantas el primero de la mesa?				**Mayoría NO:** Eres el invitado perfecto. Seguramente en tu cultura haces cosas diferentes en la misma situación, pero tienes información y quieres actuar de forma adecuada para una situación que es importante para las costumbres hispanas. ¡Felicidades!
8. ¿Comes muy deprisa y terminas el primero?				
9. ¿Haces ruido cuando comes?				
10. ¿Comes sin usar la servilleta?				
11. ¿Comes sin usar al mismo tiempo el cuchillo y el tenedor?				

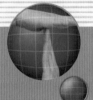

Pause

What do you like to do in order to learn Spanish in and out of the class? Talk about it with your classmates.

• trabajar en grupo   • hacer deberes   • escuchar las explicaciones del profesor
• conocer otras culturas   • hablar en clase   • escuchar canciones   • ir a bares españoles

● Do you believe that you can do some more in order to learn better? Do your classmates do the same things as you do in order to learn Spanish? Write down some of the things your classmates do to learn.

remember Try something new! It may work!

• Talking about daily life schedules • Talking about habitual actions • Giving opinions • Reacting to observations
• Talking about the family

Unit 4

Final Activity

Objective

Developing a brochure about Spain

Procedures

1. Use this title for the brochure "Estudiantes sin Fronteras"
2. You need to write a short guide to help foreign students know Spain better. You need to:
   - First, think of the themes/topics you want to present.
   - Next, prepare the vocabulary you need.
   - Then, write the brochure
   - Finally, do a presentation of the brochure for the entire class.
   - You can also do a poster and hang it in the class.

ESTUDIANTES SIN FRONTERAS

diversiones y aficiones

horarios

formas de saludarse

otros temas

Reflection and Sharing

HOW DID YOUR BROCHURE DEVELOPMENT GO?

- Selecting information
- Writing the information
- Understanding your classmates
- Presenting the information

• Talking about daily life schedules • Talking about habitual actions • Giving opinions • Reacting to observations • Talking about the family

Self – Evaluation

1 Can I talk about my daily activities and the things other people do?

Explica qué hace normalmente alguna persona de clase.

_____

 Sí 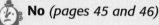 **No** (pages 41 and 43)

2 When I explain my daily activities or those of others can I organize the information using words like: *primero, después, luego*?

Give an example: _____

 Sí **No** (pages 45 and 46)

3 When someone explains something to me can I react with specific expressions?

What do you say in these situations?

• To show surprise: _____
• To show agreement: _____
• To show disagreement: _____

 Sí **No** (pages 41 and 44)

4 Can I state the time and what I do at a concrete time of the day?

• ¿Qué hora es ahora? _____
• ¿A qué hora empieza la clase de español? _____
• ¿A qué hora se levanta tu familia? _____

 Sí **No** (page 42)

5 Do I know the difference between *a veces* and *casi nunca*?

What is the difference? _____

 Sí **No** (page 43)

6 Can I talk about and better understand the customs and daily activities of people from other cultures?

Write about a custom that seems interesting or is very different from yours.

_____

 Sí **No** (pages 42 and 43)

7 Can I talk about my family members?

¿Cuántos tíos tienes? _____

 Sí **No** (page 47)

8 Do I know how to begin and end a personal letter in Spanish? Can I explain the differences between a letter written in Spanish and one written in my own language?

• How does a letter in Spanish begin? _____
• How does a letter in Spanish end? _____

 Sí **No** (page 46)

9 Do I know any new Spanish customs? Write down one. _____

 Sí **No** (pages 43 and 47)

Diviértete
(Enjoying Yourself)

1 Where are the "Seven Wonders of the World"?

- What are the Seven Wonders of the World for you? Where are they?
- Where are the "wonders" of your country?
- Compare your responses with those of your partner.

• <u>Talking about places/location</u> • Making an appointment/date • Giving directions • Argumentation

Comprehension and Oral Expression

2 Listen. Which cities appear in photos *a-j*?

Gramática (Grammar)
Forms and Functions

3 What's there to see in your city? Are there many places of interest? Tell your classmates about them

4 Mario wants to go out with Maria. Listen to the dialogue and answer the questions.

- ¿Qué quiere hacer él?
- ¿Acepta ella su invitación?

5 Now Maria is talking to José. Listen to the dialogue and answer the questions.

- ¿Qué quiere hacer María?
- ¿Qué propone José?
- ¿A qué hora quedan?
- ¿Dónde quedan?

Gramática (Grammar)
Forms and Functions

¿Quieres ir al cine conmigo esta tarde?

Lo siento, no puedo, es que tengo que estudiar.

• Talking about places/location • Making an appointment/date • Giving directions • Argumentation

6 Do you want to do something different? Complete the list of various free-time activities.

> Actividades diferentes, para gente diferente

Limpiar la playa

Acompañar a personas mayores

Alimentar gatos abandonados

Plantar árboles

Tocar la guitarra en el metro

● What day and time is best to do some of the activities listed? And with whom? Complete the list with the information.

El mejor día de la semana	La mejor hora del día	La persona ideal

7 Try to make an appointment to do one of the previous listed activities with one of your classmates.

● Prepare what you're going to say beforehand. Follow these instructions:

> **Objective:** Meet someplace at a given time.
>
> • • **Student A:** Invite your partner to do something together.
> • • **Student B:** Accept or reject the proposal. If you reject it, give reasons why and propose another activity.

8 Listen to the song. Mark the direction your feet need to move in order to do the dance.

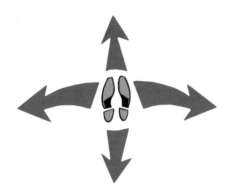

9 Listen to the conversation between two friends.

● Draw on the map the way to Maria's house

● Put the information José needs to get to Maria's house in a logical order.

> Ejemplo: Primero... luego... después... y finalmente...

10 With your partner locate the shortest route from the bank to Maria's house.

Grammar in Context

Observe the grammar in the texts.

Inviting

¿QUIERES SALIR CONMIGO ESTA NOCHE?

ES QUE...NO PUEDO, LO SIENTO PERO ESTA NOCHE TENGO QUE TRABAJAR.

Place/Location

PACO DEBAJO DEL ACUEDUCTO.

PACO A LA DERECHA DE LA CATEDRAL DE COMPOSTELA.

PACO ENCIMA DEL GUGGENHEIM.

PACO ENTRE LAS DOS TORRES KIO.

PACO A LA IZQUIERDA DE LA SAGRADA FAMILIA.

PACO AL LADO DE LA CIBELES.

Así hablamos

Accepting or rejecting an invitation:

–¿Quieres ir al cine a ver la última película de Tarantino?
–No. Esta tarde tengo mucho trabajo.

Observe: Before inviting someone to do something you should ask him/her if they already have plans.

Observe: Normally one can't reject an invitation with a simple "no". It's necessary to give a reason for the rejection.

■ ¿Tienes planes para esta tarde?
▲ No, de momento no tengo planes.
■ ¿Quieres ir a ver la última película de Tarantino?
▲ ¿A qué hora empieza?
■ Creo que a las 6.30 h.
▲ Tan tarde... lo siento, pero es muy tarde, es que esta noche ceno con mi familia, es el cumpleaños de mi padre.
■ Vale, ¿y qué tal mañana?
▲ Sí, perfecto, quedamos mañana a las seis.

Marcos: *¿Quieres ir al cine conmigo esta tarde?*
María: *¿Esta tarde? Vaya,* **lo siento**, *pero* **es que tengo que** *estudiar y no quiero acostarme tarde.*
Marcos: *Ya, pero podemos volver pronto. ¿No te parece una buena idea?*
María: *No sé, es que... No, gracias, mejor otro día. Tengo muchas cosas que hacer y estoy muy cansada, en serio.*
Marcos: *Vale, hablamos otro día.*

(Cinco Minutos más tarde)

José: *¿**Haces algo** esta tarde?*
María: *No sé, no tengo planes para esta tarde, quiero ir al cine, a ver una película, pero no sé qué película.*
José: *Al cine... Si quieres podemos ir juntos. Hay dos o tres películas buenas, ya sabes, ir solo al cine...*
María: *Bueno, vale, vamos, podemos ir juntos.*

Ir (To go)/ Venir (To come)

In your culture is it necessary to give reasons or some information as to why you can't accept an invitation? Talk about this with your classmates.

Lo siento, pero...

Forms and Functions

INVITING

- **Inviting someone:**
  ¿Quieres salir esta noche?
  (querer + infinitivo o nombre)
  ¿Te apetece un café?
  (apetecer + infinitivo o nombre)
- **Accepting an invitation:**
  Sí, claro.
  Sí, por supuesto.
  Sí, gracias.
- **Rejecting an invitation:**
  No, lo siento, es que ahora no puedo. (poder)
  No, lo siento, es que tengo que estudiar.
  (tener + que + infinitivo)

MEETING WITH SOMEONE

- **Fixing a time, place, and date/day to meet:**
  Quedamos a las 6 h.
  Quedamos en tu casa.

PLACE /LOCATION:

- **Asking about the location of a specific place or object:**
  ¿Dónde está el libro?
  ¿Dónde están las llaves?

- **Asking about a non-specific place or one whose existence you don't know of:**
  ¿Dónde hay un banco/una farmacia?
  ¿Dónde hay unos almacenes?

VERBOS DE MOVIMIENTO (VERBS OF MOVEMENT)

Ir + a + lugar: Voy a casa de María.
Venir + de + lugar: Vengo de casa de María.
Ir + en + medio de transporte:

Ir en

Ir a

Appendix
Sections 15 and 16
(page 117)

Texts for ... ... writing a letter to express an opinion

11 In the following text the writer expresses an opinion about the Mediterranean diet and fast food.

CARTAS AL DIRECTOR

Cartas al director

La dieta mediterránea compite con la «comida rápida» → title

La dieta mediterránea está considerada la dieta ideal para vivir muchos años y tener buena salud. → first idea

En nuestras ciudades hay muchos restaurantes en los que podemos apreciar los platos típicos de la dieta mediterránea, con los ingredientes que todos conocemos: el aceite de oliva, la verdura, las legumbres, el pescado, la fruta, el vino, etc.

Pero hablar de comida es hablar de comer bien y también de comer mal. → contrary idea (*pero*)

Ahora hay nuevos restaurantes de «comida rápida» y estos son muy atractivos para los jóvenes. A nosotros nos gustan porque en ellos podemos comer por poco dinero y en muy poco tiempo. → explanation (*porque*)

Yo creo que este cambio es negativo, porque esta comida no es sana, además cambia nuestros hábitos, → expressing an opinion (*Mi opinión es..., creo que*)

nuestras costumbres. La comida es parte de nuestra cultura: si cambiamos nuestra forma de comer, algo más cambia. → additional supporting information (*además*)

Tenemos que encontrar una solución a esta invasión de restaurantes de comida rápida. Una posibilidad es abrir buenos restaurantes con comida de calidad a un buen precio para los jóvenes. → conclusion

J. LÓPEZ

● What do you think? Do young people eat badly?

12 Write a "letter to the editor" about your opinion of the eating habits of young people. Organize your information before starting.

TITLE
FIRST IDEA
CONTRARY IDEA (*pero*)
EXPLANATION (*porque*)
EXPRESSING AN OPINION (*Mi opinión es ..., creo que*)
ADDITIONAL SUPPORTING INFORMATION (*además*)
CONCLUSION

• Talking about places/location • Making an appointment/date • Giving directions • Argumentation

13 Read the following text and answer the questions.

CADA BARCELONÉS GASTA 9 € EN EL MENÚ DIARIO

Desayunos. El desayuno es para la mayoría un café con algo de bollería o un bocadillo, por ello solo el 26% de los barceloneses se gasta más de 2,5 € en la primera comida del día. Y por sexos, son las mujeres las que prefieren desayunar fuera de casa. Las mujeres representan el 61% de los clientes de bares y cafeterías a esa hora del día.

Comidas. El 37% de la población barcelonesa come en bares y restaurantes. Esto se debe a que tomar un menú compuesto por dos platos, bebida y postre en un bar o restaurante es más barato que comer en casa. El 86% gasta menos de 9 € en la comida del mediodía y solo un 5% gasta más de 10,5 €; la gran mayoría come en restaurantes de menú y solo una pequeña minoría come a la carta. El 62% de los que comen cada día fuera de casa son hombres.

Cenas. Los propietarios de bares y restaurantes afirman que de domingo a miércoles «las noches están muertas». Los barceloneses se quedan en casa durante la semana. Los fines de semana son diferentes, viernes y sábados por la noche los restaurantes están llenos.

(Texto adaptado de *El Periódico*, 29/7/00)

- Are your eating habits similar to those of people from Barcelona?
- How often to you eat at home? How often do you eat out?
- How much money do you send on food per day?
- What do you value in a restaurant – the quantity of food, the quality of the food, the variety of dishes offered, the service, the atmosphere, etc?

14 Look at the photos, read the text, and then answer the questions.

Propina. f. Pequeña cantidad de dinero que se da por un servicio.

Guarnición. f. Verduras, hortalizas o legumbres que se sirven con la carne o con el pescado.

Merienda. f. Comida ligera que se toma por la tarde antes de la cena.

Tapa. f. Pequeña ración de comida para acompañar a una bebida que se ofrece en algunos bares.

Comer fuera de casa

Comer el menú es una posibilidad barata, pero no es la única. Hay muchos restaurantes en nuestras ciudades que ofrecen platos combinados a un buen precio: lomo con patatas, calamares con guarnición o huevos fritos con bacon son algunos ejemplos. Pero, para comer bien y beber un buen vino es necesario ir a un buen restaurante, pedir la carta y seleccionar los platos que nos gustan. Ir a un restaurante cuesta más dinero, pero... ¡un día es un día! ¿Y la propina? Es el problema que todos tenemos en un país extranjero: ¿Es obligatorio dar propina?, ¿cuánto dinero hay que dar? La respuesta es difícil: no hay una cantidad obligatoria, depende del servicio recibido.

Picar algo entre horas

Los bares y las cafeterías ofrecen diferentes posibilidades para comer a cualquier hora del día.

Por la tarde muchas personas toman la merienda: chocolate o café con churros, café con leche con una tostada o un bollo, zumos de fruta, etc. Por las mañanas o por las tardes mucha gente come tapas en bares y cafeterías.

¡Comer en España no es un problema, siempre hay bares abiertos!

- How many different types of restaurants are there in your country? Describe them.
- In your country is there a custom of tipping in restaurants? How much money should you leave as a tip? Compare your answers with those of your classmates.
- Do 24 hour bars and cafeterias exist in your country? Compare your answers with those of your classmates.

Final Activity

Objective

Choosing a restaurant for dinner in a city or zone of the city.

Procedures

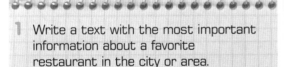

1 Write a text with the most important information about a favorite restaurant in the city or area.

2 To do the task you can:

a) Follow the model

b) Look for another model from a magazine, newspaper, guide, or website.

3 Decide which is the best restaurant of all those described by the class.

Carmencita

Dirección: Libertad 16, Madrid. Tel. 91 531 66 12

¿Cómo llegar?: Estaciones de metro, Banco de España y Chueca.

Horarios: Abierto todos los días, cierra sábados a mediodía y domingos todo el día.

Ambientación: Clásica.

Clientela: Variada.

Tipo de cocina: Vasco casera.

Precio medio: 25 €.

Relación calidad-precio: Excelente.

Índice de grasas y colesterol: Moderada. No es cocina muy pesada.

Raciones: Abundantes.

Reflection and Sharing

HOW DID THE RESTAURANT SELECTION GO?

Understanding the information in the restaurant guides			
Writing the text about your favorite restaurant			
Understanding your classmates texts			

• Talking about places/location • Making an appointment/date • Giving directions • Argumentation

Self – Evaluation

1 I know how to propose an activity to my partner?

How do you do it?: _____

I know how to accept or reject an invitation in Spanish?

How do you do it?: _____

I know how to make an appointment and meet with someone at a specific time and place?

How do you do it?: _____

S N *(pages 52 - 55)*

2 Can I describe my house or my neighborhood?

¿Cómo es?: _____

_____

_____

S N *(pages 52 and 53)*

3 Can I understand directions to a place?

Draw on the map the route described in the box.

S N *(page 53)*

> Para ir al cine Goya tienes que seguir todo recto, hasta el final, allí coges la calle de la izquierda y el cine está enfrente de la estación de autobuses.

4 Can I make a fixed price menu for a restaurant?

What do you put *de primero*?: _____

What do you put *de segundo*?: _____

What do you put *de postre*?: _____

S N *(page 57)*

5 Can I understand the difference between a "fixed priced" restaurant and other types of restaurants?

What are the differences?: _____

_____

Can I explain my eating habits?: _____

_____

_____

_____

S N *(pages 56 - 58)*

Vete de compras
(Shopping)

 Look at the image. In what department can you find "Our Choice" articles?

BIENVENIDOS A "VAMOS DE COMPRAS"

www.vamosdecompras.es

Grandes descuentos
50% 40% 30% 25% 20%

NUESTRA SELECCIÓN

pincha sobre cada imagen para conocer las características de estos productos

nuestras secciones

- Hogar
- Perfumería
- Música
- Ropa de mujer
- Ropa de niños
- Viajes
- Electrodomésticos
- Joyería
- Libros
- Deportes
- Ropa de hombre
- Zapatería
- Informática
- Oportunidades

1.299€

32,50€

3€

35€

49,60€

42,75€

52,15€

55,17€

555,05€

15,30€

Añadir a favoritos / Volver / Cómo pagar / Seguridad

- Which articles seem expensive?
- Which seem cheap?
- What do these articles cost in your country?

• Shopping • Comparing • Expressing quantities • Describing objects, places, and actions
• Talking about shopping habits

Comprehension and Oral Expression

2 Sonia is shopping at the mall.
Listen and mark which establishments
and stores she goes into.

❑ floristería   ❑ panadería   ❑ zapatería   ❑ tienda de ropa
❑ tienda de   ❑ librería   ❑ supermercado ❑ peluquería
  bolsos   ❑ pescadería   ❑ cafetería   ❑ heladería
❑ joyería   ❑ carnicería   ❑ frutería   ❑ perfumería

3 Now listen to the audio again. What is Sonia
doing in each of the stores?

Ejemplo: Sonia está comprando unas flores en la...

Gramática (Grammar)
Forms and Functions.

4 Look at the image on the right. What are these
people doing?

● Write down as many sentences as possible
to describe what they are doing and then
compare them with your partner.

Ejemplo: Hay una señora que está mirando un escaparate.

5 Sonia is going out to dinner tonight.

● What dress do you think she'll buy?
● What dress is best to wear to the dinner? Why?
● Listen and see what Sonia does.

6 Which articles in the
display window do you
like the most and why?

7 Five students leave the
class and exchange
articles of clothing. When
they return, the rest of the
class has to guess which
clothes belong to whom.

Ejemplo:

Alumno A: *La chaqueta no es tuya.*
Alumno B: *No, no es mía, es de María.*

• Shopping • Comparing • Expressing quantities • Describing objects, places, and actions
• Talking about shopping habits

 8 Look at the image and observe the quantities that correspond to each product.

- Carne, pescado, frutas → kilos
- Huevos → docenas

● Is this the same or different in your country?

 9 Listen to what Javier buys for dinner. Complete the list with the quantities purchased.

a) manzanas
b) tomates maduros
c) tomates verdes
d) judías verdes
e) lechugas
f) perejil
g) ternera
h) jamón serrano

 10 Look at the special offer ad and answer the questions.

- ¿Qué te parece la oferta?
- ¿Crees que hay suficiente comida para 10 personas?
- ¿Crees que hay demasiada bebida?

● Make a list of what the group needs to prepare a party.

poco
bastante
mucho
demasiado
suficiente

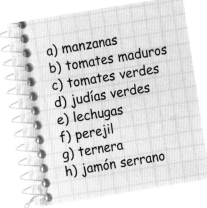

EMPRESA ESPECIALIZADA ORGANIZA FIESTAS SERVICIO DE *CATERING*

Oferta del mes
PARA UNA FIESTA DE 10 PERSONAS
7 botellas de cava, 8 botellas de vino, 2 paquetes de patatas fritas de 200 gramos y un queso de 3 kilos y 2 barras de pan.

precio 40 €

Gramática (Grammar)
Forms and Functions.

 11 Now you have a list of what you need for the party. With your partner prepare a plausible dialogue that would occur while shopping. One person is the customer and the other is the salesperson.

- Shopping • Comparing • Expressing quantities • Describing objects, places, and actions
  • Talking about shopping habits

Grammar in Context

 Observe the grammar in the texts.

Shopping and expressing quantities

Así hablamos

Reacting to Praise/Compliments

–¡Qué bonito (es)!
¡Qué bien te sienta!
–Pues, es muy barato.

Observe: When receiving compliments/praise from friends or acquaintances we respond by reducing the importance of what has been praised or complimented. Only saying, "thanks" is not appropriate. What about in your native language?

Describing an Object

–Busco... ¿Cómo se dice?
Sirve para escribir...
–¿Un lápiz?
–No. Es como un boli, pero no es un boli.
–¿Un rotulador?
–Sí, eso es.

Observe: If we don't remember the name of something, we can describe it using some of its characteristics: what it's used for or what's it like:

Es una cosa...	que sirve para...
Es una animal...	que tiene...
Es una prenda de vestir...	que es como...

Ejemplo: Es una cosa que lleva la gente en los pies.

Sonia: *Buenos días.*
Dependienta: *Buenos días. ¿Qué desea?*
Sonia: *Solo* **estoy mirando**. *Bueno,* **estoy buscando** *un vestido. Tengo una cena esta noche y no sé qué ponerme.*
Dependienta: *Su talla es una 42 ó 44, ¿no?*
Sonia: *Sí, normalmente uso la 42.*
Dependienta: *La 42, 42... Sí, todavía nos queda alguna cosa. Tenemos este vestido negro, largo y estrecho. Este otro* **es un poco más corto**, *pero* **no es tan estrecho**. *Y este otro* **es igual de estrecho** *que el segundo modelo, pero más corto.*

Intensifiers

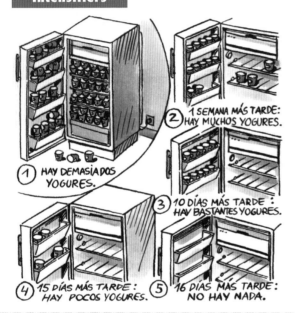

(1) HAY DEMASIADOS YOGURES.

(2) 1 SEMANA MÁS TARDE: HAY MUCHOS YOGURES.

(3) 10 DÍAS MÁS TARDE: HAY BASTANTES YOGURES.

(4) 15 DÍAS MÁS TARDE: HAY POCOS YOGURES.

(5) 16 DÍAS MÁS TARDE: NO HAY NADA.

Guess what objects are being talked about.

a) Sirve para cambiar de canal de televisión.
b) Es para el frío.
c) Sirve para sentarse.
d) Sirve para pagar.

● Make two groups. One group thinks of three sentences to describe three words in the unit. After listening to the sentences the other group must guess what the words are.

Give these compliments to your classmate and s/he should react.

a) ¡Qué jersey tan bonito! ¿Es nuevo?
b) Llevas unos zapatos preciosos.
c) ¡Qué chaqueta tan bonita!

Forms and Functions

ASKING FOR NEW INFORMATION
Qué → *¿Qué día de la semana te gusta más?*

ASKING ABOUT AN OBJECT FROM A GROUP OR CATEGORY
Cuál → *¿Cuál te gusta más?*

TALKING ABOUT THINGS WE ARE DOING IN THE MOMENT WHILE WE ARE TALKING.
Estoy mirando... / Estás mirando...

- Gerundio (gerund)
  - **verbos en -ar** añaden **-ando:** mirar → mirando
  - **verbos en -er** e **-ir** añaden **-iendo:** comer → comiendo, vivir → viviendo

COMPARAR (COMPARING)
- **más ... que:** *Estos zapatos son más caros que los otros.*
- **menos ... que:** *Alex es menos simpático que Alfredo.*
- **tan ... como:** *Este ordenador es tan caro como el otro.*

PRONOMBRES (PRONOUNS)
- Complemento Directo (Direct Object):

	1ª per.	2ª per.	3ª per.
singular	me	te	lo/la/le
plural	nos	os	los/las

  –¿Qué hago con los yogures?
  –¿**Los** pones en la nevera, por favor? / –¿Puedes poner**los** en la nevera, por favor? / –Pon**los** en la nevera, por favor.

- Posesivos (Possessive):

	1ª per.	2ª per.	3ª per.
singular	mío/a	tuyo/a	suyo/a
plural	míos/as	tuyos/as	suyos/as

  –¿De quién es esta chaqueta?
  –Es mía.

NADA/POCO/BASTANTE/MUY/MUCHO/DEMASIADO

(no) nada poco bastante muy demasiado	+	adjetivo adverbio	Es muy listo. Estudia muy rápido.

poco/a/os/as mucho/a/os/as bastante/bastantes demasiado/a/os/as	+ sustantivo	Hay muchos yogures.

Appendix
Sections 13, 17, 18 and 20
(pages 117 and 119)

Texts for ...   ... doing a questionnaire

12 Read the text and then answer the questions.

¿POR QUÉ COMPRAMOS?

Consumir, consumir, consumir... Nos parece que todo lo que tenemos no es suficiente y necesitamos más y más y más. Nuestro coche funciona bien todavía, pero el nuevo modelo —según la publicidad— es mejor. La verdad es que vamos a trabajar en metro. Es más rápido. Pero, necesitamos ese nuevo coche y un día lo compramos.

Nuestro televisor se ve y se oye bien, pero el nuevo modelo que vemos en la publicidad televisiva dicen que es mejor. La imagen es más clara —realmente se ve más clara en la pantalla de nuestro televisor— y el sonido es increíble. Parece que estamos en el cine. Además un compañero de oficina acaba de comprarse uno y toda la mañana ha hablado del nuevo aparato. Nosotros, la verdad, es que la televisión no la miramos mucho.

Preferimos ver las películas en el cine, pero ¿y si en el nuevo modelo se ve mejor una película que en el cine? El nuevo televisor es un poco caro. Demasiado caro. Pero las condiciones de compra son muy buenas. Lo podemos comprar ahora, en noviembre y no lo empezamos a pagar hasta mayo del año próximo. Y lo compramos. Hasta diciembre miramos más la televisión y vemos programas que no nos interesan nada, pero nada de nada, pero en el nuevo televisor se ven tan bien. Y además podemos comentar con el compañero de oficina todas sus maravillas. Pero la verdad es que cuando llega mayo miramos la televisión tanto o menos que antes de comprar el nuevo aparato y comentamos con el compañero de oficina que cada día los programas son más malos, que no queremos perder el

tiempo y quedamos para ir al cine porque es más divertido. Y mientras vamos hacia el cine vamos mirando en los escaparates la ropa de la nueva temporada. La verdad es que no necesitamos ropa, pero los colores y modelos son irresistibles. No podemos llevar la misma chaqueta del año pasado. Somos los únicos que cuando vamos a un bar de copas llevamos un modelo del año anterior. Así que, al día siguiente vamos a la tienda y compramos una chaqueta nueva. Si la comparamos con la chaqueta del año anterior es un poco estrecha y nos hace un poco más gordos, pero es la moda. En realidad no nos gusta mucho, pero ya vamos vestidos como todo el mundo hasta el día en que la verdad vuelve en las palabras de nuestra madre: «Hijo mío, pero, ¿qué llevas puesto?».

• Talk about the title of the text with your partner. Is the title appropriate? Can you suggest another title?

• Are you the type of person they describe in the text?

• Do you buy things that you don't really need?

13 A company wants to open a store in the city and they need to know the customer profile. Answer the questionnaire.

Hábitos de compra

1. ¿Quién hace normalmente la compra en tu casa?
2. ¿Qué productos compras siempre?
3. ¿Qué artículos no te gusta comprar?
4. ¿Qué día de la semana te gusta ir a comprar?

● Talk about your answers to the questionnaire with your partner. Are both of you the same type of consumer?

● With your partner, write other questions that could be included in the questionnaire. Afterwards you can do the questionnaire with other students in the class.

• Shopping • Comparing • Expressing quantities • Describing objects, places, and actions
• Talking about shopping habits

14 Where can you buy …..?

- un billete de autobús
- sellos
- sobres
- pilas
- disquetes
- hilo y aguja

- una tarjeta de teléfono
- postales
- aspirinas
- cinta adhesiva
- insecticida
- un carrete de fotos

● In your country can you buy all the goods listed in the same types of stores as in Spain?

15 Read the text and then answer the questions.

● Do you think markets can help us to better understand a different culture?

● What markets or products would define your city or country?

Los mercados

Nunca puedo decir que «conozco» una ciudad hasta que no visito su mercado. Cuando llego a un lugar, normalmente todos los aeropuertos me parecen iguales, y también los grandes hoteles. Todos tienen el mismo tono de colores pastel en la pared de la recepción e incluso la misma música ambiental en el ascensor. Si salgo a pasear por el centro y sigo las recomendaciones de la típica guía turística, los comercios de las calles céntricas son los mismos en casi todos los sitios del mundo.

A mí lo que me gusta más es entrar en un mercado. En las calles cercanas puedo empezar a sentir los olores. En el mercado, me encanta ver los distintos puestos con los productos locales, las frutas de distintos colores, las verduras, la carne, el pescado… Oír a los vendedores que intentan atraer la atención de los posibles compradores, a la gente que hace la compra, que saluda a un conocido al que encuentra en uno de los puestos… Me gusta observar qué compran, cómo visten, cómo se saludan… Entonces, casi siempre, compro alguno de los productos locales en uno de los puestos y pregunto qué restaurante me recomiendan para comer y siempre me contestan: la comida es la mejor manera de conocer una ciudad y un país.

• Shopping • Comparing • Expressing quantities • Describing objects, places, and actions
• Talking about shopping habits

Point of View

16 Look at the following photos. What objects do you see in each one?

- Is this apartment/flat large or small? Who do you think lives in this apartment/flat - a family with children, a couple, a single person?
- Do you think the way an apartment/flat is decorated can give you information about the person(s) who live there?

17 What can you say about Juanjo's personality based on the way his house is decorated?

Ejemplo: *Juanjo es… Su casa es…*

18 What's your house like? Can you describe it? Write a description of your house and give it to the teacher.

Ejemplo: *Mi casa tiene una habitación, una cocina y un cuarto de baño. Es muy pequeña, pero a mí me gusta mucho porque es muy alegre y tiene mucha luz.*

- Guess which student belongs to each of the written descriptions and explain why.

Ejemplo: *Esta casa es de… porque él/ella es muy serio/a y…*

Pause

- Why do you want to learn Spanish?

Ejemplo: *Quiero aprender español para…*

- What can you do to achieve learning Spanish? Write down your ideas about a study plan.

PLAN DE TRABAJO

- Número de horas a la semana.
- Lugar para trabajar el español.
- Estudiar solo o con algún compañero.
- Temas y cuestiones que quiero trabajar.
- Material de trabajo (libro, diccionario, notas de clase, otros libros…).
- Fecha de revisión de este plan de trabajo.

remember Make decisions that are possible and realistic! You can do it!

- Shopping • Comparing • Expressing quantities • Describing objects, places, and actions
- Talking about shopping habits

Unit 6
Final Activity

Objective

Organize a virtual market with original products and prepare a catalogue to put on the internet.

Procedures

1 In groups choose an article or product to include in the market.

2 Afterwards create publicity for the article/product including a photo/drawing and a description.

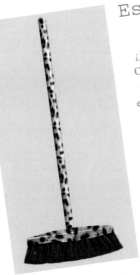

otros productos curiosos

Escoba con glamour

¿Es usted un hombre o una mujer sofisticada? Con esta escoba usted puede barrer y no perder su glamour. El diseño del palo le da ese toque especial. La escoba perfecta para después de fiestas, recepciones... o sencillamente para no perder nunca la elegancia.

PRECIO
40 euros

1 2 3 4 5 6 7 8 9

lámpara
cafetera
alfombra
nuevos productos

Reflection and Sharing

HOW DID YOUR CATALOGUE DEVELOPMENT GO?

• Selecting product information			
• Writing the information for the catalogue			
• Understanding the descriptions of other products.			

• Shopping • Comparing • Expressing quantities • Describing objects, places, and actions
• Talking about shopping habits

Self – Evaluation

1 Can I say the names of the shops where these products can be bought?

- flores: _____
- zapatos: _____
- hilo y aguja: _____
- aspirinas: _____

 Sí **No** *(pages 62 and 67)*

2 Can I compare these products?

300,51€

555€

3.000€

999€

 Sí **No** *(pages 61 and 65)*

3 Can I describe the following products if I don't know their names?

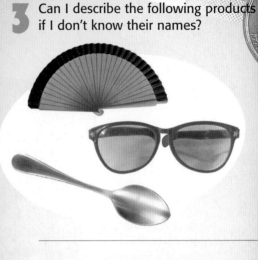

_____
_____
_____
_____
_____
_____
_____

 Sí **No** *(page 64)*

4 Can I describe the following photo?

_____
_____
_____

 Sí **No** *(page 62)*

5 Can I complete the following sentences?

- Aquí tienes las flores. ¿Dónde_____ pongo?
- ¡Qué pan tan bueno! ¿Dónde _____ compras?

 Sí **No** *(page 65)*

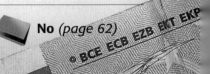

7

Cambia de trabajo

(Changing Jobs)

 Looking for your first job. Imagine that you're looking for your first job. Read the following ads.

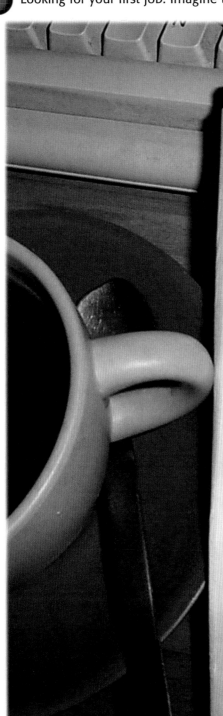

Anuncios clasific
Ofertas de trab

OFERTAS DE TRABAJO
SIN EXPERIENCIA

Referencia 1111/02
Busco canguro para cuidar niños por las tardes. Interesad@s llamar al 912 345 678 de 8 h a 22 h.

Referencia 1112/02
Pizza-Al-Instante. Buscamos jóvenes para nuestros restaurantes en el centro de la ciudad. Ideal como primer empleo. Apartado de correos 11223.
Telf. 987 654 321

Referencia 1113/02
Mensajeros. Si eres joven y tienes moto te ofrecemos un trabajo en una multinacional de transportes urgentes.
Pagamos por horas. Telf.: 919 999 998

CON EXPERIENCIA

Referencia 2221/02
Restaurante francés busca ayudante de cocina. Imprescindible experiencia en restaurante similar. Telf.: 988 777 666 Llamar por las tardes.

Referencia 2223/02
Hotel/Restaurante en zona turística busca camareros con experiencia para la temporada de verano.
Llamar al teléfono 911 234 567.
Preguntar por sr. Martínez.

Referencia 2224/03
Cadena de supermercados en expansión necesita cajeras para sus nuevos establecimientos. Imprescindible experiencia.

Solicitar entrevista con sra. Gutiérrez. Tel. 912 123 123

TIEMPO PARCIAL

Referencia 3331/02
Azafatas/Recepcionistas contratamos por días. También chicos. Ideal para estudiantes. Mandar foto al apartado de correos 2222 - 43000 Tarragona.

Referencia 3332/02
Telemóvil. Buscamos comerciales y teleoperadores para telefonía móvil, fija e Internet. Horario flexible.
Llamar al 998 876 665 de 8 h a 15 h.

TIEMPO COMPLETO

Referencia 4441/02
Zapatería Taconeo precisa dependientes/as. Ofrecemos 15.000 euros brutos al año por 40 horas semanales. Preguntar por Purificación Navarro. Telf.: 911 112 113

Referencia 4442/03
Fuerzas armadas profesionales. Convocatoria para hombres y mujeres de 18 a 24 años. 30.400 puestos por cubrir. Formamos especialistas. Solicitar bases convocatoria en el teléfono 991 113 114 de 9 h a 15 h. Citar número de referencia.

Referencia 4443/03
Banco González. Se necesitan universitarios con formación en economía. No exigimos experiencia. Contrato en prácticas. Solicitar entrevista.
Telf.: 944 555 666

● Which of these ads is best for you? Why? Think about the number of hours, the type of work and your professional profile…

• Talking about work/jobs • Communicating by phone • Talking about past activities/actions related to the present

Comprehension and Oral Expression

2 Relate the following sentences to their use in telephone conversations.

frases	uso y significado
a) *Diga. / Dígame.* b) *¿De parte de quién?* c) *Un momento, por favor, ahora se pone (ahora le paso con…).* d) *¿Puedo hablar con…? / ¿Está…?* e) *¿Puedo dejar un recado?* f) *No está.* g) *Ahora no se puede poner.* h) *Se equivoca.* i) *Este es el contestador de… Deja tu mensaje después de la señal.*	1. Señalar que la persona por quien se pregunta no está. 2. Preguntar quién llama. 3. Señalar que han marcado un número incorrecto. 4. Decir que se va a localizar a la persona por la que se pregunta. 5. Contestar al teléfono. 6. Preguntar por la persona con quien se quiere hablar. 7. Dejar un recado o un mensaje. 8. Decir que la persona por quien se pregunta no se puede poner al teléfono. 9. Escuchar el contestador automático.

3 Listen to telephone calls 1-7. What happens in each call?

a) La persona por la que se pregunta está hablando por otro teléfono y comunica.

b) La persona que llama se equivoca.

c) La persona por la que se pregunta no está.

d) Contesta otra persona y pasa la llamada.

e) Quedan para una entrevista.

f) Hay un contestador.

g) La persona que coge el teléfono toma un recado.

4 Today Manuel has a job interview. Relate the cell phone messages with his responses.

● Focus of the verb forms used.

● Observe Manual's messages. How did the job interview go?

Gramática (Grammar)
Forms and Functions.

5 Listen to Manuel's conversation and mark the information as true or false.

a) Manuel ha llegado tarde porque se ha dormido.

b) Manuel ha sido el último en la entrevista.

c) El jefe ha sido muy amable.

d) Manuel ha estado muy nervioso todo el tiempo.

e) Manuel cree que el trabajo es bueno.

f) Le han ofrecido un contrato.

6 Compare Manuel's comments with the messages from Activity 4. What really happened?

Ejemplo: *Manuel no ha sido el primero, en realidad ha sido el último en llegar.*

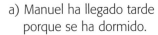

• Talking about work/jobs • Communicating by phone • Talking about past activities/actions related to the present

7 Look at the photographs and tell what Teresa did today. Then compare your version with that of one of your classmates.

Ejemplo: Primero se ha levantado, luego...

8 Not all days are the same. Have you done something different today? Explain what you have done different to a classmate.

Ejemplo: Hoy me he levantado cinco minutos más tarde y...

9 Listen to the conversation between Teresa and her mother. Mark what things Teresa has already done and what things she hasn't done yet.

tema de conversación		sí/ya	todavía no
padre	¿Ya lo ha llamado?		
regalo del padre	¿Ya le ha comprado el regalo? / ¿Ya se lo ha comprado?		
billete	¿Ya lo ha comprado?		
reserva del billete	¿Ya la ha hecho?		
prima	¿Ya ha comido con ella?		
despedida de soltera de María	¿Ya la ha organizado?		

10 ¿Querer es poder (Where there's a will, there's a way.)? What things have you wanted to do but have never been able to? And your classmates?

Ejemplo: Siempre he querido aprender a tocar la guitarra, pero...

Gramática (Grammar)
Forms and Functions.

Grammar in Context

 Observe the grammar in the texts.

Así hablamos

Speaking colloquially

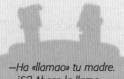
—Ha «llamao» tu madre.
—¿Sí? Ahora la llamo.

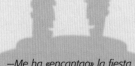
—Me ha «encantao» la fiesta.
—Sí, ha sido muy divertida.

Observe: Many times when speaking colloquially the "d" in the participle ending – ado- isn't pronounced.

Talking on the Telephone

—¿Tienes teléfono?
—Sí, es el 12, 34, 56, 78.
—Lo repito, 1, 2, 3, 4, 5, 6, 7, 8.
—Sí, eso es.

—¿Tienes teléfono?
—Sí, es el 1, 23, 45, 67.
—Lo repito, 1, 23, 45, 67.
—Sí, eso es.

Observe: When giving a phone number you can say the numbers one by one or two by two. If the telephone has an uneven number of numbers, you can give the first number and then the rest two by two.

—¿Diga?
—Hola María, soy Ana.

—Telemóvil, dígame. Le habla Aurora.
—Mire, necesito información sobre...

Observe: Normally, except in the case of shops and businesses, we don't identify ourselves when we answer the phone. The person calling identifies him/herself first.

Empleado: *Llamo de Pizza-al-instante.*
Mujer: *¿Quién?*
Empleado: *De Pizza-al-instante.* **¿Está José García?**
Mujer: *Sí, pero ahora no se puede poner. Está en la ducha.*
Empleado: **¿Puede darle un recado por favor?**

Teresa: *¿Diga?*
Manolo: *¿Teresa? Soy Manuel.*
Teresa: *¡Hola Manuel! ¿Qué tal?*
Manolo: *Bien.*
Teresa: *¿Qué pasa?*
Manolo: *Bueno, es que* **hoy he tenido** *la entrevista.*
Teresa: *¡Ah! Es verdad. Y ¿qué tal?*
Manolo: *Bueno. Primero* **he llegado** *tarde.*
Teresa: *¿Qué dices?*
Manolo: *Me he dormido. Bueno,* **total que he sido** *el último para la entrevista.*
Teresa: *Pero, ¿cómo te ha ido?*
Manolo: *Bien, pero el jefe ha sido muy simpático. Al principio de la entrevista* **he estado** *muy nervioso, pero luego...*

 How do you identify yourself when answering the phone in Spanish?

 How do you give a telephone number in your native language or in another language known or studied? Talk about it with your classmates.

Forms and Functions

PRETÉRITO PERFECTO (PRESENT PERFECT)

verbo *haber*	+	*participio*
he		viajado
has		estado
ha	+	tenido
hemos		bebido
habéis		salido
han		vivido

- **Regulares (Regular)**
  - **−ar → ado:** *viajar → viajado; estar → estado*
  - **−er/−ir → ido:** *tener → tenido; beber → bebido; salir → salido; vivir → vivido*

- **Irregulares (Irregular)**

hacer → hecho	*volver → vuelto*
ver → visto	*escribir → escrito*
decir → dicho	*poner → puesto*
morir → muerto	*descubrir → descubierto*

- **Usos (Uses)**

  Se utiliza para hablar de actividades pasadas relacionadas con el presente. Aparece normalmente con estas expresiones temporales:

  > *hoy/últimamente/normalmente*
  > *este año/mes/verano*
  > *esta mañana/tarde/semana*
  > *estos días/meses/años*
  > *estas vacaciones/semanas*
  > *alguna vez/varias veces/muchas veces*
  > *nunca*

  Se utiliza para hablar de experiencias pasadas sin concretar el momento en que han sucedido:

  > *—¿Has estado alguna vez en Barcelona?*
  > *—Sí, he ido muchas veces. / No, no he ido nunca.*

  También se utiliza para **comprobar** si algo ha sucedido:

  > *—¿Ya has hecho los deberes?*
  > *—Sí,* **ya** *los he terminado. / No,* **todavía,** *no.*

COMPLEMENTO DIRECTO/INDIRECTO (DIRECT/INDIRECT OBJECT PRONOUNS)

	CD/CI 1ª pers.	CD/CI 2ª pers.	CI 3ª pers.	CD 3ª pers.
singular	*me*	*te*	*le*	*lo/la/le*
plural	*nos*	*os*	*les*	*los/las*

- **Orden de los pronombres (Pronom order):**
  Se colocan delante de la forma verbal, pero siempre van después del infinitivo:
  *¿***Le** *puede dar un recado?*
  *¿Puede dar***le** *un recado?*

Appendix
Sections 20 and 21
(pages 119 and 120)

Texts for ... ... writing an e-mail

11 Look at the e-mail. What do the terms highlighted in blue mean?

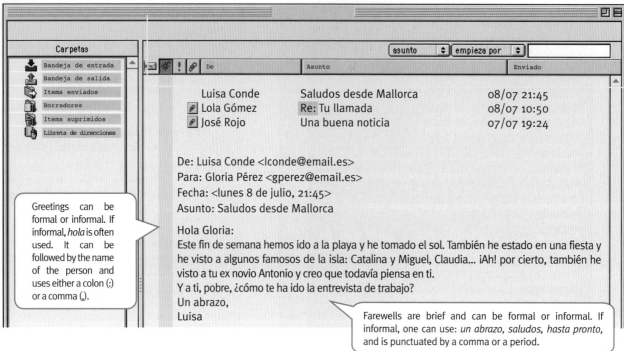

Carpetas
Bandeja de entrada
Bandeja de salida
Items enviados
Borradores
Items suprimidos
Libreta de direcciones

De	Asunto	Enviado
Luisa Conde	Saludos desde Mallorca	08/07 21:45
Lola Gómez	Re: Tu llamada	08/07 10:50
José Rojo	Una buena noticia	07/07 19:24

De: Luisa Conde <lconde@email.es>
Para: Gloria Pérez <gperez@email.es>
Fecha: <lunes 8 de julio, 21:45>
Asunto: Saludos desde Mallorca

Hola Gloria:
Este fin de semana hemos ido a la playa y he tomado el sol. También he estado en una fiesta y he visto a algunos famosos de la isla: Catalina y Miguel, Claudia... ¡Ah! por cierto, también he visto a tu ex novio Antonio y creo que todavía piensa en ti.
Y a ti, pobre, ¿cómo te ha ido la entrevista de trabajo?
Un abrazo,
Luisa

> Greetings can be formal or informal. If informal, *hola* is often used. It can be followed by the name of the person and uses either a colon (:) or a comma (,).

> Farewells are brief and can be formal or informal. If informal, one can use: *un abrazo, saludos, hasta pronto,* and is punctuated by a comma or a period.

12 Read the e-mail Luis has written and focus on the greeting and closing. Are they formal or informal? What formal greetings and closings do you know?

13 You've received these messages. Answer them.

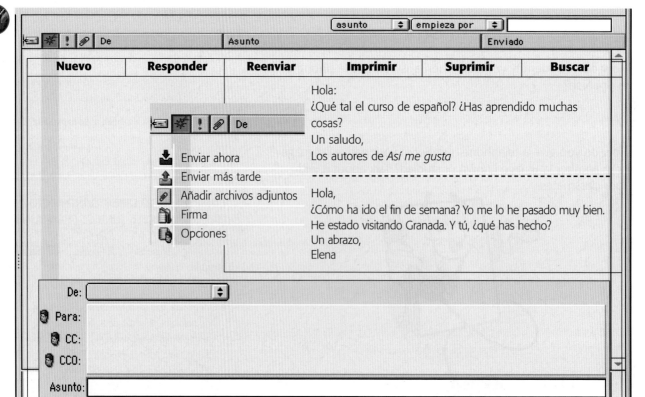

De	Asunto	Enviado

Nuevo	Responder	Reenviar	Imprimir	Suprimir	Buscar

Hola:
¿Qué tal el curso de español? ¿Has aprendido muchas cosas?
Un saludo,
Los autores de *Así me gusta*
- -
Hola,
¿Cómo ha ido el fin de semana? Yo me lo he pasado muy bien. He estado visitando Granada. Y tú, ¿qué has hecho?
Un abrazo,
Elena

De:

- Enviar ahora
- Enviar más tarde
- Añadir archivos adjuntos
- Firma
- Opciones

De:
Para:
CC:
CCO:
Asunto:

• Talking about work/jobs • Communicating by phone • Talking about past activities/actions related to the present

Cultures

14 Do these types of professions/jobs exist in your country? Are there some jobs that are unique to your country? Talk about this with your classmates.

15 Here are some useful expressions used when communicating by phone in Spanish in Spain and Latin America. Relate each expression in one column with an expression in the other column.

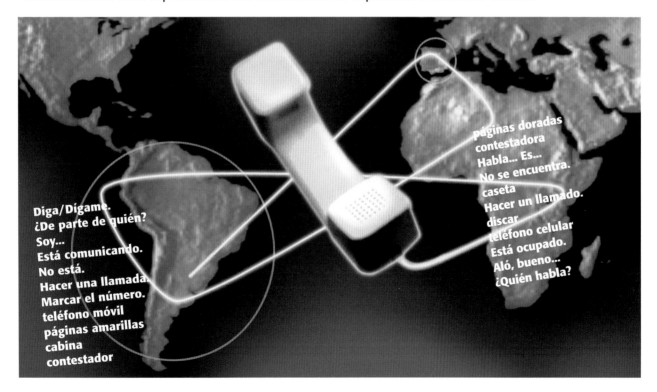

• Talking about work/jobs • Communicating by phone • Talking about past activities/actions related to the present

Point of View

16 Look at the photos and explain what the people are doing.

- What type of work is each person in the photos doing? Are they professions or temporary jobs? Do they require special training?
- Are they jobs appropriate for people of all ages? Compare your information with that of your classmates.

17 Read the following texts about some aspects related to the work world in Spanish society. Which job option do you like the most?

El trabajo en las diferentes etapas de la vida

Cada vez hay más estudiantes que trabajan en su tiempo libre para ganar algo de dinero al mismo tiempo que realizan sus estudios. Suelen ser trabajos por horas o a tiempo parcial. No ganan mucho dinero, pero tampoco tienen que trabajar muchas horas. Podemos ver a jóvenes cuidando niños en los parques, paseando perros o repartiendo pizzas por las calles de nuestras ciudades. La situación cambia cuando se hacen mayores o ya han acabado sus estudios. Entonces los jóvenes quieren trabajos más estables, a tiempo completo, y, por supuesto, con un salario más alto.

Una nueva posibilidad: trabajar en casa

Actualmente las ofertas de trabajo son muy diferentes a las de antes. Las empresas requieren los servicios de informáticos, diseñadores de páginas *web*, programadores, televendedores. Todos estos son trabajos que pueden realizarse en casa sin ir a una oficina. Esto tiene ventajas, porque podemos organizar nuestros horarios más libremente y no perdemos tiempo en desplazamientos; pero también tiene inconvenientes: cada vez estamos más aislados y tenemos menos posibilidades de comunicarnos con los demás.

- Are these possible jobs in your country? In your case, do you do part-time jobs while you're studying, have you finished your studies, or do you have a stable job? Compare your responses with those of your classmates.

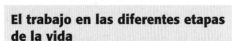

• Talking about work/jobs • Communicating by phone • Talking about past activities/actions related to the present

Actividad final

Objective

Doing a report about the results achieved to date in the Spanish course:
- *¿Qué aspectos han cambiado en tu vida desde que has empezado a estudiar español?* (What aspects of your life have changed since starting to study Spanish?)
- *¿Qué aspectos no han cambiado todavía?* (What aspects haven't changed yet?)

Procedures

1 Write short report about how the course has gone up to now.

2 Your report should include two sections: one for an individual and another for the class as a group. The report should address these questions.

- What have you learned?
- What have you already done in class?
- What haven't you done in class yet?
- Have you made a phone call in Spanish? How many times?
- How many people have you met who speak Spanish (at work, in your studies ...)?
- How many new experiences have you had such as watching movies in Spanish, other activities...?

Reflection and Sharing

HOW DID DOING THE REPORT GO?

- Selecting information
- Writing the information
- Understanding your classmates
- Presenting the report

Self – Evaluation

1 If I answer the phone, do I know how to respond to these situations?

¿Qué dices cuando....?:
- La llamada no es para ti y la persona no está: _____
- La llamada no es para ti y la persona está: _____

 *(pages 72)*

2 Can I write about what I have done this morning since the time I woke up until I came to class?

Primero..., luego..., después... _____
_____
_____

 *(pages 73)*

3 Can I complete these sentences?

- Casi siempre me levanto a las 6.30 h, pero hoy _____ a las 8.30 h porque _____
_____
- Normalmente viajo mucho, pero este año todavía no _____ porque _____
_____
- Esta mañana _____

 *(pages 75)*

4 Can I write the participle form of the following verbs?

- ver: _____
- escribir: _____
- decir: _____
- poner: _____
- hacer: _____

 *(página 75)*

5 Can I complete the following e-mail?

Hola Alberto:
No he llamado al profesor porque _____ he encontrado y ya _____ lo he dicho todo.
_____ María

 *(pages 75 y 76)*

6 Can I say three things that I have learned in this unit?

_____
_____
_____

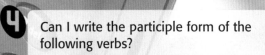 *(pages 79)*

8

Cuídate

(Taking Care of Yourself)

1 What are the names of the four seasons?

- When does each one begin?
- How many seasons are their in your country?

ENERO

FEBRERO
3 4 5 6 7
10 11 12
7 18 19
25 26

MARZO
1 2 3 4 5 6 7
10 11 12 13 14
16 17 18 19 20 21
23 24 25 26 27 28
30 31

ABRIL
1 2 3 4
5 6
12 13 1
19 20 2
26 27 2

MAYO
1 2
4
11
18
24 25 26 27 28 29 30
31

JUNIO
1 2 3 4 5 6
12 13
14 20
21 22 27
28 29 30

Treinta días tiene noviembre, con abril, junio y septiembre; veintiocho tiene uno y el resto treinta y uno.

JULIO
1 2 3 4
5 6
12
19
26 27 2

AGOSTO
1 2
3
10
17
24 25 26 27 28 29 30
31

SEPTIEMBRE
1 2 3 4 5 6
13
20
27

OCTUBRE
1 2 3 4
5 6 7 8 9
12 13 14 15 16
19 20 21 22 23 24
26 27 28 29 30 31

NOVIEMBRE
1
4 5 6 7 8
11 12 13 14 15
19 20 21 22
25 26 27 28 29
30 31

DICIEMBRE
1 2 3 4 5
6 7 8 9 10 11 12
13 14 15 16 17 18 19
20 21 22 23 24 25 26
27 28 29 30

2 Do you like sports?

- Do you practice or at some time have you practiced any sports?
- Are you in good shape?

• Talking about the weather • Talking about health
• Talking about physical sensations/feelings • Giving Advice

Comprehension and Oral Expression

3 What are the most common health problems among Europeans? What are the percentages?

Ejemplo: *El 81% de los británicos tiene resfriados y fiebre.*
Y al 63% le duele la cabeza.

Las dolencias más comunes en Europa

%	España	Bélgica	Alemania	Italia	Países Bajos	Francia	Reino Unido
Fiebre/ resfriado	70	69	51	65	51	64	81
Dolor de cabeza	48	43	35	46	35	49	63
Fatiga	31	40	14	29	14	47	45
Reuma- tismo	33	34	32	49	32	43	38
Ansiedad/ insomnio	41	42	25	37	25	41	39
Problemas digestivos	27	32	22	33	22	34	28

(Text adapted from the magazine *Quo*)

pelo
cabeza
ojos
orejas
nariz
boca
cuello
espalda
pecho
corazón
pulmones
brazos
estómago
manos
rodillas
piernas
pies
cintura
ombligo

● What health problems do you have? What pains do you normally have?

Gramática (Grammar)
Forms and Functions.

4 What do Spaniards do when they are sick? Do they go to the doctor or do they self-medicate themselves *(se automedican)*? Read, listen, and complete the missing information.

• Casi el 50% de los españoles _____
• Si no es grave, la gente primero _____
• Un 6% dice que cuando le duele algo _____
• Un 17% no va al médico, pero _____
• Un 5% toma _____
• Un 25% compra _____

Automedicarse (self-medicate) means to take medicine without consulting a doctor.

5 Complete the statistical information with the nationalities mentioned.

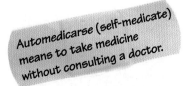

PORCENTAJE DE EUROPEOS QUE VAN AL MÉDICO ANTES DE TOMAR UN MEDICAMENTO

El 25% de los _____
El 13% de los _____
El 27% de los _____

● Does the government subsidize medicine in your country?
● Do you always go to a doctor when you're sick or do you self-medicate. What do people normally do in your country?
● Is there some type of medicine that people normally buy and take in your country without going to a doctor?

• Talking about the weather • Talking about health
• Talking about physical sensations/feelings • Giving Advice

6 Listen to the interview with the doctor. Complete the table with some of the typical activities associated with each season and the corresponding health problems.

estaciones del año				
	invierno	verano	primavera	otoño
actividades	La gente va a esquiar.	·		La gente vuelve al trabajo y al colegio...
problemas de salud		Quemaduras de sol, problemas de estómago y fiebres...	La gente tiene alergias...	

7 Ver, oír, oler, tocar, saborear. The five senses: la vista, el oído, el olfato, el tacto y el gusto. Which of these senses are most developed in you?

● Which of the senses do you normally use better? What do you use it for? Talk about it with your partner.

8 Listen to these recommendations on how to improve your senses and complete the information.

Mirar con atención
Intenta ver la televisión sin el volumen. Puedes descubrir todas las cosas que aparecen sin sonido.
_____ tus pulgares delante de los ojos, separados unos cinco cm. _____ a lo lejos y desenfoca la imagen para ver tres dedos y no solo dos. _____ para ver los tres dedos sin problema.
Para mejorar la memoria visual, _____ bien la posición que tiene un amigo. Luego, _____ los ojos y _____ que cambie un pequeño detalle de su posición... Descubre qué ha cambiado.

Afinar el oído
_____ la televisión con los ojos cerrados. _____ saber solo por el sonido qué pasa. _____ en pequeñas cosas, como la lluvia, el viento, un río, etc. _____ escuchar el sonido de tu corazón y de tu respiración.
En la calle _____ qué sonidos oyes, seguro que si prestas atención, oyes más de lo normal.
_____ a escuchar música, desde ritmos suaves con cada uno de los instrumentos hasta músicas complicadas. Diferencia sus sonidos.

Tocar para ver
_____ a tomar el pulso y practícalo con amigos.
_____ la ropa con la luz apagada o toca tu ropa del armario. ¿Qué tocas?
_____ en la mesa monedas de diferentes tamaños y _____ con los ojos cerrados para saber la cantidad.

¿A qué huele?
_____ delante de ti distintas frutas y verduras y huélelas para reconocerlas. Luego, con los ojos cerrados, _____ y vuelve a olerlas. ¿Qué son?
_____ que tienes en la mano un limón y lo hueles. Recuerda cómo es el olor.
_____ en la cocina sin mirar e intenta por el olor saber qué hay para comer.
_____ por la calle y huele, intenta diferenciar olores como la gasolina, perfumes, etc.

Sabor, sabor...
_____ varios vasos con agua, uno con agua del grifo, otro con agua natural, uno con azúcar, otro sin azúcar... Después prueba esos vasos de agua.
_____ diferentes tipos de té. Pruébalos.
_____ comida de diferentes países. ¿Qué llevan?

9 Practice with your partner. Follow these steps.

Gramática (Grammar) Forms and Functions.

• Cierra los ojos en clase y escucha, ¿qué oyes?
• Explica a qué huele tu coche, tu casa, tu ciudad...
• Coloca varios objetos encima de una mesa, míralos durante un minuto.
  Después un compañero los cambia y tú dices qué objetos han cambiado de lugar.
• Piensa en los sabores que más te gustan y cuéntaselo a tu compañero.

● The students form teams and each team chooses a sense and makes a suggestion on how to improve it.

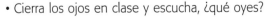

• Talking about the weather • Talking about health
• Talking about physical sensations/feelings • Giving Advice

Grammar in Context

Observe the grammar in the texts.

> **Entrevistadora:** *Doctor Reventós, ¿tenemos durante el año las mismas enfermedades o cambian si es invierno o verano?*
>
> **Doctor Reventós:** *Sí, realmente cambian y mucho... [...]*
>
> **Entrevistadora:** *¿Puede poner algún ejemplo, doctor?*
>
> **Doctor Reventós:** *Sí, mire, **en invierno hace frío, llueve** y la gente **tiene gripes**, resfriados y, claro, no va a trabajar. Pero además, también en invierno, en muchos lugares **nieva** o hay nieve cerca y a la gente le gusta esquiar, ir a pasear por la nieve y entonces, ¿qué pasa? Pues que la gente se cae, se rompe piernas o brazos, etc.*
>
> **Entrevistadora:** *Y ¿en verano? ¿Hay alguna relación entre las enfermedades **y el tiempo libre**?*
>
> **Doctor Reventós:** *Claro. Aquí en nuestro país, la gente piensa que cuando **hace calor** no hay enfermedades y no es verdad. La gente viaja a la playa y toma el sol sin ponerse crema protectora y **se quema**. Y claro, también está el tema de los viajes. La gente cuando viaja a otros lugares, puede **sentirse mal**...*

Giving advice

SI TE DUELE LA CABEZA, VE AL MÉDICO.

SI PRACTICAS DEPORTE, TEN CUIDADO.

SI VIAJAS A PAÍSES CON SELVA, PONTE UNA CREMA CONTRA LOS MOSQUITOS.

Así hablamos

Talking about health

Me duele la cabeza.

Observe: When talking about a part of the body that hurts us we don't use the possessive pronoun. We don't say: *Me duele mí cabeza.* We say: *Me duele la cabeza.*

¡Ay!

Observe: When one expresses pain in Spanish, one says: *¡Ay!*

Observe: In Spanish there are common expressions that use the parts of the body to express an idea or concept.

a

*Alberto **tiene mano izquierda** para resolver problemas.* (Alberto knows how to solve problematic situations.).

b

Quieren empezar con buen pie *su nueva vida y han invitado a todos sus amigos.* (They want to start begin something well)

c

*Miguel **tiene mala pata**: un pájaro ha estropeado su traje nuevo.* (Miguel has bad luck).

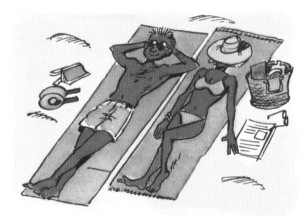

SI TOMAS EL SOL, USA CREMA PROTECTORA.

SI VISITAS OTROS PAÍSES, TEN CUIDADO CON LAS COMIDAS PICANTES.

d Marisa **está hasta las narices** de los partidos de fútbol. ('está cansada de algo')

e Emilio **tiene buen ojo**. Ha comprado un buen coche a buen precio. ('sabe elegir')

Listen to the following dialogues and select the sentence which describes each of the people.

a) Alejandro...
b) Lourdes...
c) Antonio...
d) Juan...
e) Pedro...

• Tiene mano izquierda con la gente.
• Está hasta las narices del ordenador.
• Tiene buen ojo para los pisos.
• Tiene mala pata con las chicas.
• Ha empezado con buen pie su trabajo.

● Are there expressions that use parts of the body in your language?

How do you express pain in your native language?

Forms and Functions

TALKING ABOUT THE WEATHER

Hace (mucho, poco, bastante)	frío
	calor
	viento
	aire

Estamos a 20° grados / a 5° grados bajo cero
Nieva.
Llueve.

TALKING ABOUT STATE OF HEALTH

¿Cómo estás? / ¿Cómo te encuentras?
Me duele la cabeza. / **Me** duelen las muelas.
Tengo un dolor de cabeza horrible.

THE VERB DOLER (TO HURT/TO ACHE)

me duele	
te duele	
le duele	
nos duele	la cabeza
os duele	
les duele	

me duelen	
te duelen	
le duelen	
nos duelen	las muelas
os duelen	
les duelen	

CONDITIONAL STRUCTURE

• **Si → presente + presente:** Si la gente tiene problemas de salud, va al médico.
• **Si → presente + imperativo:** Si te encuentras mal, llama al médico.

IMPERATIVO (IMPERATIVE)

–ar	–er	–ir	
tom-**a**	aprend-**e**	viv-**e**	(tú)
tom-**e**	aprend-**a**	viv-**a**	(usted)
tom-**ad**	aprend-**ed**	viv-**id**	(vosotros/as)
tom-**en**	aprend-**an**	viv-**an**	(ustedes)

• **Pronombres + Imperativo (Pronouns + Imperative)**
Con el imperativo, el pronombre se pone al final y se escribe todo junto:
Pon**te** un jersey, hace frío.
Píde**le** a María su número de teléfono.

Appendix
Sections 22 and 23
(page 121)

Texts for ...   ... understanding medical language

10 Mark with an (x) the information that you think is important to know before taking medicine.

- Para qué es.
- Cuándo y qué cantidad se toma.
- Si es para niños o adultos.
- Efectos negativos.
- Cómo se toma el medicamento.
- Qué pasa si se toma demasiado.
- Qué lleva el medicamento.
- Cómo funciona en el cuerpo.
- Si se puede tomar o no con otros medicamentos.

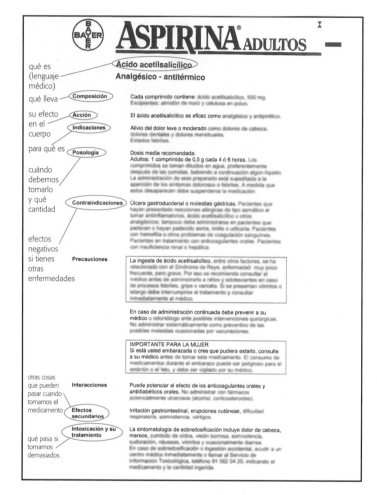

11 Do you have a first aid kit or medicine chest at home? Name two products or objects that are in the first aid kit/medicine chest. What is each one used for?

12 In groups, choose the contents of an "ideal" first aid kit.

- Prepare a list of the most important medicine and objects to include in an "ideal" first aid kit. If you don't know what the medicine or objects are called, ask the teacher.
- Explain what each one is used for.

Ejemplo: Nuestro botiquín tiene aspirinas, que son pastillas para el dolor de cabeza.

• Talking about the weather • Talking about health • Talking about physical sensations/feelings • Giving Advice

Cultures

13 Do you prefer cold or warm weather? Does your character change when it is hot or cold? Why?

El calor y las altas temperaturas son buenas para la salud. Algunos médicos recomiendan el calor en algunas partes del cuerpo para curar el dolor. Todos saben que las saunas y los baños de vapor son buenos para la salud y un buen baño con agua caliente ayuda a relajarse y a dormir bien.

El frío es bueno para muchas personas. Cuando hace frío el cuerpo necesita moverse y funciona mejor. El aire fresco de la mañana ayuda a respirar. Un baño con agua fría es bueno para despertar los sentidos y acabar con el cansancio.

14 Do you know any simple, natural remedies for any health problems? In a group prepare information following the models and present it to the rest of the class.

Algunas recomendaciones tradicionales

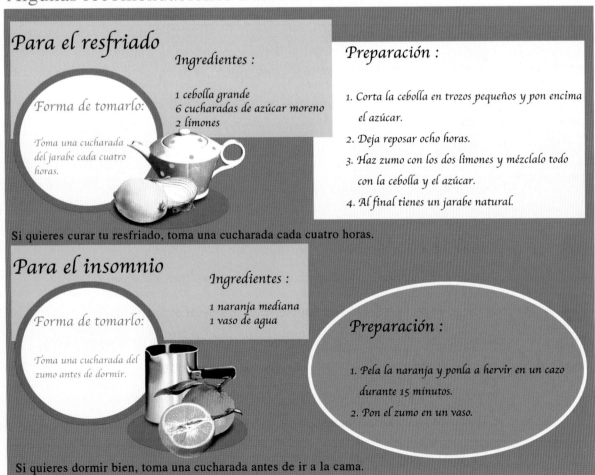

Para el resfriado

Ingredientes :

1 cebolla grande
6 cucharadas de azúcar moreno
2 limones

Forma de tomarlo:

Toma una cucharada del jarabe cada cuatro horas.

Preparación :

1. Corta la cebolla en trozos pequeños y pon encima el azúcar.
2. Deja reposar ocho horas.
3. Haz zumo con los dos limones y mézclalo todo con la cebolla y el azúcar.
4. Al final tienes un jarabe natural.

Si quieres curar tu resfriado, toma una cucharada cada cuatro horas.

Para el insomnio

Ingredientes :

1 naranja mediana
1 vaso de agua

Forma de tomarlo:

Toma una cucharada del zumo antes de dormir.

Preparación :

1. Pela la naranja y ponla a hervir en un cazo durante 15 minutos.
2. Pon el zumo en un vaso.

Si quieres dormir bien, toma una cucharada antes de ir a la cama.

• Talking about the weather • Talking about health • Talking about physical sensations/feelings • Giving Advice

Point of View

15 Relate the photos to the following expressions.

está ardiendo   ¡Que te mejores!
está hecho/a polvo   llueve a mares
está como una sopa   hace un frío que pela

¡Salud!

16 What do the expressions in Activity 15 mean?

Ejemplo: «Está ardiendo» quiere decir que la persona tiene mucha fiebre.

● Is there a similar or funny expression in your native language used in these situations? Talk about it with your classmates.

Pause

How do you feel about your Spanish?

Ejemplo: Cuando hablo español... me siento bien / me siento un poco incómodo/a.

What do you need to do in order to feel happier with your level of Spanish?

- Hablar más.   • Ser menos exigente.   • No pensar tanto en los errores.
- Escribir más.   • Revisar más la gramatica.
- Estar más motivado.   • Aprender más vocabulario.

● Share your ideas with your classmates.

remember   Maybe your ideas can help others. Share them!

• Talking about the weather • Talking about health • Talking about physical sensations/feelings • Giving Advice

Unit 8

Final Activity

ESCOJA SU FIN DE SEMANA VIRTUAL

Empresa especializada en actividades de ocio le organiza su tiempo libre, salidas de riesgo, cenas en lugares exóticos, excursiones para un fin de semana de aventura, etc.

Incluso si quiere algo diferente, todo es posible sin moverse de una silla gracias a nuestra moderna y alta tecnología del siglo XXI. Atrévase a disfrutar de un fin de semana virtual.

La oferta de este mes incluye gratis la selección del tiempo meteorológico desde terremotos, tormentas, o sol del desierto. Puede optar por hacer el viaje virtual usted solo, con su pareja o en grupo.

Tenemos grandes ofertas esta temporada: vuelos a Marte, visitas sin moverse de casa, safari a JurasoParque, la última aventura con Indiana López, entrevista y concierto con Ricky Marte, cena con Dali Lami, reunión con El Presidente de..., etc.

Si está interesado, escríbanos y explique qué tipo de viaje quiere.

(Complete el impreso adjunto)

Objective

Organize a customized "virtual" weekend for a group.

Ficha de inscripción para el fin de semana virtual

Nº de personas: _____

Descripción de las personas (físico y personalidad): _____

Gustos: _____

Número de actividades deseadas: _____

Qué quiere ver, oler, tocar, etc.: _____

Lugares: _____

Tipo de clima: _____

Estado de salud de las personas del grupo: _____

¿Tiene un seguro médico? _____

Procedures

1 Form a group with other classmates. Complete the "Virtual Weekend" sheet taking into account:

• How many of you are there?
• What and how many activities do you want to do? Where and when?

2 Remember what you need to use:

• Specific vocabulary
• Verbs in the present tense to talk about plans
• The imperative for giving advice
• Conditionals

3 Afterwards present your groups' "Virtual Weekend" plan to the rest of the class.

4 At the end of the activity, decide which of the plans presented you liked the best.

Reflection and Sharing

HOW DID YOUR WEEKEND PLAN GO?

• Selecting and writing the information

• Understanding your classmates

• Presenting the information

• Talking about the weather • Talking about health
• Talking about physical sensations/feelings • Giving Advice

ochenta y nueve

89

Unit 8

Self - Evaluation

1 Can I talk about the weather and explain which season I like the best and why.
Explica qué tiempo hace hoy.

_____
_____
_____
_____

➕ **Sí** ☠ **No** (pages 81 and 83)

2 If I have a health problem, can I say what is hurting me?
Give an example:

_____
_____
_____
_____

➕ **Sí** ☠ **No** (page 82)

3 I know how to say the most important parts of the body in Spanish?
Fill-in the boxes.

➕ **Sí** ☠ **No** (page 82)

4 Can I use the forms *me duele /me duelen* correctly?
Give an example:

_____
_____
_____
_____

➕ **Sí** ☠ **No** (pages 82 and 85)

5 Can I give advice to someone?
Complete the second parts of these sentences:

Si tienes dolor de barriga, _____

_____

Si quieres ir a la playa, _____

➕ **Sí** ☠ **No** (pages 84, 85 & 87)

6 I know what type of information I will get when *"posología"* is referred to?
I'll get information about: _____
_____

➕ **Sí** ☠ **No** (page 86)

7 I have learned the imperative forms?
Complete the chart below with the imperative forms:

➕ **Sí**
☠ **No** (page 85)

	tomar	ponerse	hacer
tú	_____	_____	_____
usted	_____	_____	_____

8 I have learned an expression that uses a part of the body?
Give an example of an expression and state how it is used:
_____

➕ **Sí** ☠ **No** (pages 84 and 85)

9 Do I now know a traditional remedy that others use for healing purposes?
Give an example: _____

➕ **Sí** ☠ **No** (page 87)

Haz planes
(Making Plans)

 1 Relate the texts to the corresponding images.

- Japón, invierno de 1990. *Conocí a las chicas de Madrid.*
- México, verano de 1985. *Con el poncho que me compré en México DF.*
- Túnez, primavera de 1992. *Cuando monté en camello.*
- Irlanda, otoño de 1982. *La primera vez que viajé solo.*
- EEUU, verano de 1980. *Con el coche que alquilamos para viajar de costa a costa.*
- Suiza, Navidad de 1984. *Me rompí la pierna esquiando.*

 2 Do you like to take pictures when your travel? When was the last time you took a trip? Where did you go?

- Write a brief caption for a favorite photo taken during your last trip.

• Talking about trips made and making plans for future trips • Talking about activities/actions done in the past
• Advising

Comprehension and Oral Expression

3 Listen to the conversation and
answer the questions.

- ¿Cuántas veces ha estado Pepe en
  La India?
- ¿Cuándo?
- ¿En qué ciudades?

La primera vez fui a Bombay. Allí estuve un mes.

**Gramática
(Grammar)**
Forms and Functions.

4 Can you tell us about the itinerary
of one of your trips?

5 Listen to the conversation from Activity 3 again. What advice about
the aspects listed below does Pepe give about a trip to India?

- la ropa: _____
- las vacunas: _____
- el alojamiento: _____
- la comida: _____

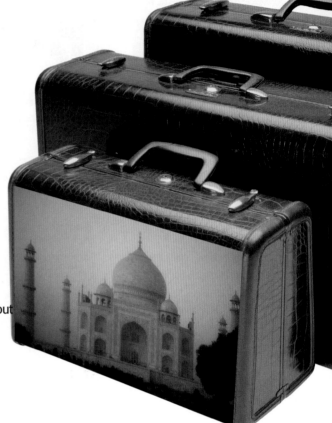

6 Note down the information that you think is necessary for someone who is going to visit your country.

● Compare your information with that of your partner.

7 Travels through history. Relate the places with the people and the dates.

● Have you traveled a lot? Mark on the map the places you have visited and note down the date when.

• Talking about trips made and making plans for future trips • Talking about activities/actions done in the past
• Advising

8 Roberto and Carla talk about their next vacations. Relate the information to each of them.

	Roberto	Carla
• Ya ha estado de vacaciones.	❏	❏
• Piensa quedarse en casa.	❏	❏
• Va a estar el mes de agosto fuera.	❏	❏
• Quiere visitar Olympia y Delfos.	❏	❏

● What expressions do Robert and Carla use to talk about their plans and projects?
● Ask your partner about his/her plans for his/her next vacation.

Gramática (Grammar)
Forms and Functions.

9 At the travel agency. Listen and relate the following information in one column with the information in the other.

PC	No viajar de forma organizada.
MP	Tener hotel, desayuno, comida y cena reservados.
AD	Tener hotel, desayuno y una comida reservados.
Viajar por cuenta propia	Tener hotel y desayuno reservados.

10 Do you prefer to go on organized vacations or to travel on your own? Why?

● What does your partner prefer?

11 Listen to the following conversation and write the names of the five things (1-5) on the image

• Talking about trips made and making plans for future trips • Talking about activities/actions done in the past
• Advising

Grammar in Context

Observe the grammar in the texts.

> *He estado tres veces. Fui en el 95, en el 97 y en el 99. La primera vez estuve un mes, la segunda estuve dos meses y la tercera estuve dos meses y medio. Y quiero ir otra vez, pero ahora ya no tengo tantas vacaciones, desde que trabajo...*

Plans and Projects

¡FELICIDADES, HAN GANADO EL MILLÓN DE EUROS!, ¿QUÉ PIENSAN HACER CON EL PREMIO?

VAMOS A COMPRAR UN COCHE.

TAMBIÉN VAMOS A COMPRAR UNA CASA.

ADEMÁS QUEREMOS VIAJAR.

Así hablamos

Talking about the past (Spanish variations)

En Madrid:

Hoy me he levantado tarde y no he tenido tiempo para desayunar.

En Buenos Aires:

Hoy me levanté tarde y no tuve tiempo para desayunar.

Observe: Differences in the uses of the *Pretérito Perfecto* (Present Perfect) and the *Pretérito Indefinido* (Simple Past) exist in different parts of the Spanish speaking world. In some areas the *Pretérito Indefinido* (Simple Past) has the same use as the *Pretérito Perfecto* (Present Perfect)

Using acronyms/abbreviations

¿Has sacado ya los billetes del AVE?

Observe: In Spanish if the acronym/abbreviation has vowels, you read them as if they were a word (RENFE, AVE). If they only contain consonants, you read them by saying the letters (Mexico <u>DF</u>) .

In Spanish some abbreviation/acronyms use letters in an order that is different from the abbreviation/acronym in other languages: *OTAN* (in Spanish) – NATO (in English), *SIDA* (in Spanish) – AIDS (in English).

Some abbreviations or acronyms are completely different in Spanish from other languages: *OVNI* (in Spanish) – UFO (in English).

Past Activities

Teléfono
Lo inventó Alexander Graham Bell en 1876 en EEUU.

Inventos que cambiaron el mundo o... por lo menos lo intentaron

Televisión
La primera emisión la realizó John Logie Baird en 1926 en el Reino Unido.

Coche
El primero lo fabricó Karl Benz en 1885 en Alemania.

Bicicleta
Su inventor fue John Stanley en 1885 en el Reino Unido.

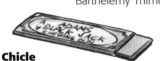

Máquina de coser
La primera máquina que funcionó de manera regular fue en 1830 en Francia. La inventó Barthélemy Thimonner.

Cremallera
En 1913 la patentó Gideon Sundback en EEUU.

Chicle
El chicle lo inventó el fotógrafo Thomas Adams en 1870 en EEUU.

Do you know what these acronyms/abbreviations mean?

AVE	RENFE
UE	México DF
OTAN	ONU
OVNI	SIDA
EEUU	ONG

● Do these acronyms/abbreviations exist in your language? How do you say them? Talk with your classmates.

Forms and Functions

PRETÉRITO INDEFINIDO (SIMPLE PAST)

• Regulares (Regular)

-ar	-er	-ir
viaj-**é**	escrib-**í**	viv-**í**
viaj-**aste**	escrb-**iste**	viv-**iste**
viaj-**ó**	escrib-**ió**	viv-**ió**
viaj-**amos**	escrib-**imos**	viv-**imos**
viaj-**asteis**	escrb-**isteis**	viv-**isteis**
viaj-**aron**	escrb-**ieron**	viv-**ieron**

• Irregulares (Irregular)

ESTAR	HACER	IR/SER
estuve	hice	fui
estuviste	hiciste	fuiste
estuvo	hizo	fue
estuvimos	hicimos	fuimos
estuvisteis	hicisteis	fuisteis
estuvieron	hicieron	fueron

TALKING ABOUT ACTIVITIES DONE IN THE PAST

• Utilizamos el **pretérito indefinido** para hablar del pasado con expresiones como:

el año pasado
el mes pasado
la semana pasada
hace dos años
el último verano
en 1999
ayer
anoche

*El año pasado **fui** de vacaciones a Buenos Aires. Ayer **estuve** en casa todo el día.*

TALKING ABOUT PLANS AND PROJECTS

• Para hablar de planes y de proyectos se utilizan:
Ir + a + infinitivo: *Este verano voy a ir a Grecia.*
Querer + infinitivo: *Quiero viajar por el país.*
Pensar + infinitivo: *Pienso quedarme en Atenas tres o cuatro días.*

PREPOSICIONES (PREPOSITIONS)

• Fíjate en el uso de algunas preposiciones:

*Ella fue **a** Grecia **en** barco.*
*Ella ha salido **de** Barcelona **a** las 10 h y va a llegar **a** Cádiz **a** las 12 h.*

• Observe:
Ir a: indicates place
Ir en: indicates type of transportation
Salir de: indicates place of origin
Salir a: indicates hour
Llegar a: indicates destination place and arrival hour
Pasar por: indicates place you'll pass in order to arrive at another place

Appendix
Sections 24 and 25
(page 122)

Texts for ...   ... writing recommendations

12 Read the following text and answer the questions.

¿Qué hay que tener en cuenta si se va de vacaciones a la playa?

El sol

El debilitamiento de la capa de ozono y el porcentaje cada vez mayor de cáncer de piel ponen en duda los beneficios de los baños de sol. Si ha elegido como destino de sus vacaciones la costa, recuerde evitar tomar el sol durante las horas del mediodía y recuerde que es necesario usar una crema protectora. Es conveniente empezar los primeros días con una crema de un alto nivel de protección y si viaja con niños es necesario tener en cuenta que la piel de los más pequeños es más sensible que la nuestra, por lo que con ellos tenemos que extremar las precauciones.

Los robos

La sensación de paz que se alcanza en el mar favorece descuidos impensables en la ciudad. Por ello, recuerde que no debe dejar objetos de valor a la vista en su coche.
Si decide ir a nadar o a pasear por la orilla de la playa, sea precavido. Intente no dejar a la vista su cartera u otros objetos de valor y si es posible, pida a alguien si puede vigilar sus objetos personales. De esta forma puede evitar sorpresas desagradables.

El mar

Hay que prestar atención a la señalización existente en las playas. Recuerde, la bandera roja indica peligro, la amarilla, precaución y la verde, baño libre. Si usted veranea en una playa no señalizada, báñese con precaución. Los días de mucho oleaje, nade en paralelo a la orilla y evite bañarse cerca de las rocas.
Si nota molestias mientras está nadando, como dolores de cabeza o musculares, intente regresar a la orilla lo antes posible.

● What are important recommendations for a vacation at the beach?
● What recommendations would you give for a vacation in the mountains or in a big city? Choose either a trip to the mountains or to a big city and write what aspects should be taken into consideration for a vacation of this type.
● Compare your information with that of your partner.

• Talking about trips made and making plans for future trips • Talking about activities/actions done in the past
• Advising

13 Read the following text.

Las ciudades españolas se quedan vacías en verano. Esta es la estación preferida por los españoles para realizar sus vacaciones. Y entre los meses de verano, agosto es el que escoge la mayoría de los españoles para descansar. Además de las vacaciones de verano, cada vez son más los españoles que deciden repartir a lo largo del año los 30 días de descanso. Muchos hacen parte de sus vacaciones en Semana Santa, Navidades y se reservan días para poder hacer «puentes» (cuando entre dos días festivos hay un día laborable). Por ejemplo, se hace puente el uno de mayo, que es la fiesta del trabajo, o el uno de noviembre, que es la festividad de Todos los Santos.

● And in your country? Is there a preferred time of the year to take vacation?

14 Read these suggestions for a trip. Which one do you like the most? Which of the vacations described are best for the situations listed below?

- vacaciones de Semana Santa
- puente del uno de mayo
- vacaciones de verano
- puente de Todos los Santos

No todo es tumbarse al sol de una playa paradisiaca. El verano ofrece oportunidades para que las vacaciones resulten diferentes, atractivas e incluso solidarias. Y es que hay otro turismo al alcance de la mano, como el turismo verde, solidario y ecológico que ofrece desde casas rurales y balnearios hasta monasterios y deportes de aventura.

"Sin prisa pero sin pausa" permite combinar estancias en alojamientos alejados del ruido y la contaminación, con la práctica de deportes y la posibilidad de colaborar en algún proyecto solidario.

Si quieres más información, escríbenos a la siguiente dirección: Sin prisa@ com

El caribe te espera.
Déjalo todo y ven a bañarte en nuestras playas.
Caribe@com

Descubra las maravillas del Mediterráneo. Le ofrecemos la posibilidad de disfrutar visitando las ciudades con más encanto del norte de África.

Contamos con un equipo de profesionales para organizarle el viaje con el que siempre ha soñado para usted solo o en compañía de sus amigos.

Y si lo desea, también podemos organizarle su luna de miel o su viaje de negocios.

Solicite más información a Cruceros@ com

Ven a conocer nuestras ofertas para estudiantes

Disponemos de más de 100 destinos diferentes a precios especiales para jóvenes menores de 25 años en viajes de estudio.

Salidas diarias a las principales capitales europeas.

Si quieres recibir nuestros folletos o cualquier otro tipo de información, solo tienes que escribirnos a Finde@com

---

• Talking about trips made and making plans for future trips • Talking about activities/actions done in the past
• Advising

Point of View

15 Observe the photos, read the following text, and then answer the questions.

España tiene fama de ser un país turístico, ¿pero dónde van los españoles de viaje? Cada vez son más los españoles que viajan al extranjero y en los últimos 20 años esta costumbre se ha generalizado. El 80% de los españoles que viaja fuera del país elige Europa. Francia, Portugal, Andorra y el Reino Unido son los destinos preferidos. América recibe el 13% de los viajeros y África, el 6%. Este cambio de hábitos ha obligado a los españoles a tener que elegir su destino con muchos meses de antelación. Por ejemplo, ya no es posible ir a una agencia de viajes una semana antes de las vacaciones para reservar un viaje para el mes de agosto. Por otra parte, las salidas al extranjero han hecho aumentar la cantidad de dinero que los españoles gastan en sus vacaciones. La cantidad de dinero depende del tipo del viaje, no solo del destino elegido. Los más jóvenes no gastan mucho dinero. Muchos jóvenes que viajan al extranjero cogen su saco y su mochila, un billete de *Interrail* y así pueden conocer muchos países de forma barata. La gente de mayor edad prefiere otro tipo de viajes más cómodos: viajan en avión, seleccionan buenos hoteles y disfrutan de la gastronomía de los países visitados. También hay gente que prefiere los circuitos en autocar y los viajes totalmente organizados, en los que se pueden visitar varios países en muy poco tiempo. ¡En fin, hay gente para todo!

● What things do you need in order to make each one of the types of trips mentioned in the text? Afterwards, compare your information that that of your partner.

Ejemplo: *Para viajar por Europa en Interrail necesito una mochila, un saco de dormir...*

● Write a text similar to the one above and describe where and how people in your country travel.

• Talking about trips made and making plans for future trips • Talking about activities/actions done in the past • Advising

noventa y ocho 98

Final Activity

Objective

Create a class calendar/agenda which reflects the most important dates for the group.

Procedures

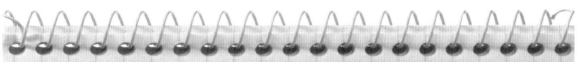

1 Collect information about:

- The most important holidays (Easter, New Year, etc.) of the countries/cities/regions of the members of your group
- The cultural celebrations (music festivals, theater, movie festival, etc.)
- The opening times and closing days of museums, banks, commercial establishments
- Personal celebrations of the group members (e.g. birthdays)

2 Indicate on the calendar the holidays and most important days of the group:

- The cultural celebrations of the places of origin of the group members
- The days banks, museums, etc are closed
- The birthdays of the group members and the beginning and ending dates of the course

Reflection and Sharing

HOW DID THE CALENDAR GO?

- Selecting information about celebrations and cultural activities

- Selecting information about holidays and the opening hours of places of interest

- Deciding on the information as a group

- Creating the calendar as a group

- Talking about trips made and making plans for future trips • Talking about activities/actions done in the past
- Advising

Self - Evaluation

1 **Can I understand and use the vocabulary needed organize a trip.**
Explain the meaning of these words:

alojamiento: _____

puerta de embarque: _____

hacer una reserva: _____

pensión completa: _____

Sí **No** *(page 93)*

2 **Do I know the Pretérito Indefinido (Simple Past) forms?**

Yo (cenar) _____   Ella (viajar) _____   Vosotros (ver) _____

Tú (estar) _____   Nosotros (ir) _____   Ellos (comprar) _____

Sí **No** *(page 95)*

3 **Do I know the difference between the Pretérito Perfecto (Present Perfect) and the Pretérito Indefinido (Simple Past)**

Con *la semana pasada, el año pasado, hace dos años,* utilizo el _____

Con *esta mañana, alguna vez, este mes,* utilizo el _____

Sí **No** *(page 95)*

4 **Can I explain my country's most important historical facts?**

El año pasado... _____
_____
_____

Sí **No** *(pages 92 and 94)*

5 **Can I talk about future plans and projects?** Explain your plans for next week:

La semana que viene... _____
_____

Sí **No** *(pages 94 and 95)*

6 **Can I read abbreviations/acronyms in Spanish?** How does one read these abbreviations/acronyms?:

RENFE: _____

ONU: _____

UE: _____

Sí **No** *(page 94)*

7 **Can I give advice to someone who wants to visit my country?** What would I say to him/her:

_____
_____
_____

Sí **No** *(page 96)*

Haz memoria

(Recalling the Past)

1 Observe the images and complete the descriptions.

a Todas las tardes escuchaba la radio con su familia.

b _____

c Llegaba a casa antes de las 9 h de la noche.

d Miraba muchos libros y quería viajar.

e Todas las tardes veía dibujos animados en la televisión.

f Muchas tardes jugaba con la Playstation.

g _____

h _____

● What did you do when you were little?

• Talking about habitual actions in the past • Describing people and objects in the past
• Contrasting the present and the past

Comprehension and Oral Expression

2 Listen to the interview and indicate which person says what about some celebrations.

Doña Carmen   Carmen   Mamen

a) Antes no celebrábamos el día de la madre.
b) Algunas fiestas son propias de la sociedad de consumo. Antes la gente no se preocupaba por estas tonterías.
c) Regalábamos flores o bombones.
d) El día del cumpleaños de un familiar, íbamos a su casa.

● Talk with your partner about how you celebrate your birthday now and how you celebrated your birthday when you were a child.

parte del día
tiempo
lugar
quién

Era por la tarde.
Hacía frío.

Llovía un poco y había mucha gente.

Salía del colegio y allí estaba mi madre.

3 Listen and take note of what these people did when they were adolescents.

	¿Qué podían hacer?	Sus padres, no les dejaban hacer...
Chica 1		
Chico		
Chica 2		

4 What did your parents permit you to do and not to do when you were an adolescent? Talk with your classmates.

Gramática (Grammar)
Forms and Functions.

5 Where were you, with whom, and what were you doing when ...?

• Cuando murió Lady Di.
• La última noche del siglo XX.
• Los primeros días del cambio de moneda en Europa.
• Durante las Olimpiadas de Sydney de 2000.
• El 11 de septiembre de 2001.

● Where were your classmates, what were they doing and with whom when ....?

6 Think of an important event of your country and tell your classmates what you were doing when the event occurred.

• Talking about habitual actions in the past • Describing people and objects in the past
• Contrasting the present and the past

parte del día
tiempo
lugar
qué llevaba

qué hace
quién estaba
sensaciones

a

Yo recuerdo _____

y hacía mucho calor.

b

Pero yo _____
_____
_____
_____

c

Iba siempre con mi madre
a visitar a la tía Mercedes.
Y a mí_____
_____

d

Pero _____
porque en casa de mi tía
Mercedes _____
_____
_____

7 Observe the photos and complete the movie script.

● Listen and check your answers.

8 Recall a special moment from your early childhood and tell your classmates about it. Use the photos from the previous activity as a model and focus on the information you have to prepare.

• Parte del día

• Tiempo

• Lugar

• Ropa que llevabas

• Actividad

• Personas que había

• Sensaciones

Gramática
(Grammar)
Forms and Functions.

9 Do you remember what sensations and feelings you had on the first day of Spanish class? Talk about it with your group and take note of what the others in your group remember.

• ¿Cuántos estabais en clase?
• ¿Qué tiempo hacía? ¿Qué día de la semana era?
• ¿Qué llevabais?
• ¿De qué hablabais?
• ¿Qué pensabais de los otros compañeros?
• ¿Estabais nerviosos?
• ¿Pasó algo especial?

• Talking about habitual actions in the past • Describing people and objects in the past
• Contrasting the present and the past

Grammar in Context

 Observe the grammar in the texts.

ANTES VIAJAR ERA MUY COMPLICADO, LOS COCHES CORRÍAN MUY POCO.

Marta: *Cuando tenía* dieciséis años *no podía* hacer nada. Mi padre era muy estricto.
Carlos: *Pues yo podía volver* a casa los sábados a las 11 h de la noche.
Esther: Pues yo *cuando tenía* dieciséis años *ya tenía* novio.

Así hablamos

Asking for a service or information/making a request/ asking for permission

–Información, dígame.
–Quería el número del Hospital Central de Sevilla.

–Quería reservar una mesa para esta noche.

–¿Qué desea?
–Quería probarme este vestido.

–Quería hablar con el director.
–Un momento, por favor.

Observe: The *Pretérito Imperfecto* isn't only used to refer to the past. It is also used to ask for a service or information/to make a request/ to ask permission in a polite way.

ANTES LA GENTE SE COMUNICABA MÁS.

Expressing appreciation

—¿Te gusta?
—Sí, pero no era necesario comprar nada.

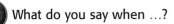

What do you say when …?

- …quieres reservar una habitación?
- …quieres alquilar un coche?
- …te regalan flores?
- …quieres hablar con un profesor?

● Compare your responses with those of your partner

Forms and Functions

PRETÉRITO IMPERFECTO

- **Regulares (Regular)**

-ar	-er	-ir
habl-**aba**	com-**ía**	viv-**ía**
habl-**abas**	com-**ías**	viv-**ías**
habl-**aba**	com-**ía**	viv-**ía**
habl-**ábamos**	com-**íamos**	viv-**íamos**
habl-**abais**	com-**íais**	viv-**íais**
habl-**aban**	com-**ían**	viv-**ían**

- **Irregulares (Irregular)**
  Solo hay tres verbos irregulares:
  - **ser:** era, eras, era, éramos, erais, eran
  - **ir:** iba, ibas, iba, íbamos, ibais, iban
  - **ver:** veía, veías, veía, veíamos, veíais, veían

- **Uses**
  - **A description of the past:** *De niña era muy delgada y llevaba el pelo muy largo.*
  - **A habitual action in the past:** *Todos los veranos íbamos a la playa.*
  - **Contrasting then and now:** *Antes vivía en el campo y ahora vivo en la ciudad.*
  - **Contextualizing an event/occurrence:** *Eran las 12 h de la noche, yo estaba sola en la parada del autobús, hacía mucho frío, cuando llegó aquel hombre tan extraño.*
  - **Requesting an action, object, information in a polite way:** *Quería saber cuándo empiezan las clases.*
  - **Recalling a memory:** *Pues yo recuerdo que ese día iba en autobús, llevaba un jersey amarillo…*

WORDS AND EXPRESSIONS USED FOR TALKING ABOUT THE PAST

- **Para hablar de una década:** *En los años ochenta no existía el correo electrónico.*
- **Para hablar de una época de la vida:** *De niño jugaba en la calle al fútbol con mis amigos.*
- **Para hablar de una edad:** *A los quince años todavía no me dejaban salir de noche.*
- **Para relacionar diferentes informaciones:** *Cuando era niño iba todos los domingos por la tarde a casa de mi abuela.*
- **Para evocar un tiempo en el pasado:** *Ese día, ese año… estaba con mi familia.*

DEJAR, PODER, QUERER + INFINITIVO (INFINITIVE)

—*A los dieciocho años mis padres no me dejaban salir de noche.*
—*¡Qué suerte! Yo no podía salir de noche.*
—*Pues yo si quería salir, no tenía problemas.*

Appendix
Section 26
(page 123)

Texts for ... ... writing newspaper headlines

 10 The Spanish in the 21st Century. Read the headlines of these newspapers that contain information about Spain.

> It is called the headline and it gives the most important information of the article. It uses a different letter font and is larger than the font size of the main text.

La mayoría de los niños españoles practica el fútbol

De mayores, muchos niños quieren ser futbolistas profesionales

Pocos niños en España

Solo 1,07% niños por mujer, el número más bajo del mundo

> The headline doesn't always have a verb. In this case: *Pocos niños en España*, we would understand *(Hay/nacen) Pocos niños en España*.

 11 Which of the headlines refer to Spain today and which refer to Spain of the 70's.?

a **LOS JÓVENES ESPAÑOLES EMPIEZAN A TENER RELACIONES SEXUALES MUY TARDE, A LOS 17 AÑOS**
En los otros países europeos empiezan antes.

b **LOS ESPAÑOLES PREFIEREN PASAR SUS VACACIONES EN LOS PUEBLOS DE ESPAÑA**
La mayoría pasa sus vacaciones en el campo y no en la playa.

c **LOS ESPAÑOLES VEN MUCHA TELEVISIÓN EN SU TIEMPO LIBRE**
El 87% de los españoles ve televisión cada día, el 49% escucha la radio, el 42% escucha música y el 32% lee el periódico.

d **MUCHAS PAREJAS ESPAÑOLAS SE CASAN, PERO CASI LA MITAD SE DIVORCIAN**
También muchas parejas viven juntas sin estar casadas.

g **LOS JÓVENES COMEN MUCHA COMIDA «RÁPIDA»**
Los jóvenes españoles tienen problemas de peso.

h **SOLO UN 2% DE EXTRANJEROS EN ESPAÑA**
La mayoría son trabajadores de países desfavorecidos que buscan una vida mejor.

e **LA RELIGIÓN ES LO MÁS IMPORTANTE PARA LA FAMILIA**
Todas las familias españolas educan a sus hijos según la religión católica.

f **LAS GRANDES CIUDADES EMPIEZAN A LLENARSE DE TRÁFICO**
Las ciudades españoles se llenan de coches, los SEAT 600.

i **LAS MUJERES EN TODOS LOS SECTORES DE LA SOCIEDAD**
En el Parlamento español el 21,6% de los diputados son mujeres.

j **LOS JUBILADOS, UN GRUPO SOCIAL MUY IMPORTANTE**
En España viven más de 6,5 millones de personas mayores.

 12 Could these headlines appear in a newspaper in your country? Why?

 13 Focus on headlines *h-j*. Discover what verb is missing.

 14 Alone or with a partner write two headlines about your country: one about now and one about the 80's.

 ● Guess which of the headlines your classmates have written refer to the 80's and explain why.

Ejemplo: *Yo creo que... porque en los años ochenta la gente (no) era/tenía/estaba/pensaba...*

• Talking about habitual actions in the past • Describing people and objects in the past
• Contrasting the present and the past

15 Think of a person from your country who is famous outside the country and introduce him/her to your classmates. Use one of the texts as a model.

Luis Rojas Marcos nació en Sevilla y vive en Nueva York desde el año 1968. Se licenció en Medicina por la Universidad de Sevilla y es Doctor por la Universidad de Bilbao y la del Estado de Nueva York. Se especializó en Psiquiatría en esta última ciudad.

Desde septiembre de 1995, Rojas Marcos es Presidente de la Corporación de Salud y de los Hospitales de Nueva York. Su área de competencia incluye los 16 hospitales generales públicos y la red de centros ambulatorios de la ciudad neoyorquina. También es Profesor de Psiquiatría de la Universidad de Nueva York. Además ha sido el máximo responsable de los servicios de salud mental de Nueva York de 1992 a 1995 y Director del Sistema Hospitalario psiquiátrico Municipal de 1981 a 1992.

Pedro Duque nació el 14 de marzo de 1963 en Madrid. Era un chico como otros de su edad: le gustaba bucear, nadar y montar en bicicleta. A los veinticinco años se licenció en Ingeniería Aeronáutica y en la actualidad es el «astronauta español».
Su vida cambió en el año 1992 cuando lo seleccionaron para unirse al Cuerpo de Astronautas de la Agencia Espacial Europea (ESA). En mayo de 1994 fue miembro de la Tripulación II en la misión EUROMIR. Un año después participó en la misión del laboratorio Microgravedad Spacelab y voló en «El Colombia» en 1996 durante 17 días por el espacio.

16 Observe the photos. Objects appear in them that typify a period in time. These objects are no longer used or they have evolved and changed. Which of the objects do you especially like? What are some things you couldn't do with the objects that existed before and what are some things you can do with the objects that exist now?

• Talking about habitual actions in the past • Describing people and objects in the past
• Contrasting the present and the past

Unit 10

Point of View

17 Observe the following images. How old do your think these people are? Imagine what their lives were like when they were young.

18 *"Cualquier tiempo pasado fue mejor"* (Any time in the past was better). Do you know this expression? What does it mean? Is there a similar expression in your language? Talk with your classmates.

19 Imagine you're 70 years old and you meet your classmates. What memories do you share from when you were young.

● Discuss with your classmates if they believe that in the future they'll remember this period of their life with nostalgia.

Pause

● Can you prepare a list of topics that you can talk about in Spanish?

Ejemplo: *Antes no podía… Ahora puedo…*

Antes solo podía dar información, pero ahora puedo dar también mi opinión.

Antes tenía problemas para expresarme, pero ahora puedo hablar de muchas cuestiones que me interesan, como por ejemplo…

Antes no hablaba en español porque tenía miedo, pero ahora puedo comunicarme mucho mejor.

● Compare your ideas with those of your classmates.

remember Now you can do many things with your Spanish. Very well done!

• Talking about habitual actions in the past • Describing people and objects in the past
• Contrasting the present and the past

Final Activity

Mis abuelos eran de diferentes países. Los padres de mi madre eran de Sicilia y llegaron a Londres en los años sesenta. Los padres de mi padre eran del norte de Inglaterra. Las costumbres de mi familia eran muy diferentes. Cuando nos reuníamos todos era muy divertido porque la familia de mi padre no hablaba durante la comida; pero, la de mi madre hablaba mucho...

Objective

Present the origins of the students to the rest of the class by using their family's history.

Procedures

1 Form groups by nationality, similar cultures, ethnic backgrounds, or geographical regions.

2 Each member of the group completes an information sheet about his/her family with the following information.

> **My Family's Roots**
> • Where do they come from?
> • What customs do they maintain?
> • When did they come to the city where they live now?
> • How did they come there?
> • What languages did/do my family speak?
> • Was/Is it a small or large family?
> • What did/do they do?

3 Share the information and write a text with the information that best describes the origins of each of the members in the group in order to present it to the class

4 Finally, put the information in an album and on a map together with photos of yourselves.

Reflection and Sharing

HOW DID YOUR RESEARCH ABOUT YOUR FAMILY ORIGINS GO?

• Completing the family information sheet		
• Writing the text		
• Presenting the text to the class		
• Understanding the descriptions of other products		

• Talking about habitual actions in the past • Describing people and objects in the past
• Contrasting the present and the past

Self - Evaluation

1 Can I talk about past customs and habits?

Cuando era pequeño/a _____

_____

_____

_____

Sí | **No** *(pages 101& 102)*

2 Can I talk about what I could do when I was an adolescent?

Mis padres _____

_____

A mí no _____

_____

_____

Sí | **No** *(page 102)*

3 Can I describe my state of mind at a time in the past?

Mi primer día de colegio _____

_____

_____

_____

Sí | **No** *(page 103)*

4 Can I explain a memory?

Ese día _____

_____

_____

_____

Sí | **No** *(pages 103 & 105)*

5 Do I know expressions to talk about the past?

A los quince años _____

_____

Sí | **No** *No (pages 102, 103 & 105)*

6 Do I know that the Pretérito Imperfecto, which is used to talk about the past, is also used for other purposes? *What are they?:*

a) _____

b) _____

c) _____

Sí | **No** *(pages 104 & 105)*

7 Can I understand the general information of a newspaper headline? *Check and see.*

PRIMERA PIEDRA PARA UN TEATRO DEL SIGLO XXI
Se inaugura un nuevo teatro en Madrid

Sí | **No** *(page 106)*

8 Can I talk about a famous person from my country or from other countries?

Introduce him/her. ¿Cómo se llama? Es _____

_____

_____

Sí | **No** *(page 107)*

Appendix

Forms and Functions

1 The Alphabet

Letra	Nombre de la letra	Ejemplo
A, a	a	adiós
B, b	be	barco
C, c	ce	Caracas, cine
Ch, ch	che	coche
D, d	de	dedo
E, e	e	escribe
F, f	efe	profesor/a
G, g	ge	gracias, gente
H, h	hache	Honduras
I, i	i	médico
J, j	jota	Juan
K, k	ka	kilo
L, l	ele	Lima
Ll, ll	elle	calle
M, m	eme	Madrid
N, n	ene	mano
Ñ, ñ	eñe	año
O, o	o	hola
P, p	pe	pregunta
Q, q	cu	Quito
R, r	erre	ruso, Lanzarote
S, s	ese	Sevilla
T, t	te	respuesta
U, u	u	Perú
V, v	uve	Valencia
W, w	uve doble	wagneriano
X, x	equis	taxista
Y, y	i griega	yo
Z, z	zeta	Venezuela

2 Numbers

0	cero	31	treinta y uno
1	uno	40	cuarenta
2	dos	41	cuarenta y uno
3	tres	50	cincuenta
4	cuatro	60	sesenta
5	cinco	70	setenta
6	seis	80	ochenta
7	siete	90	noventa
8	ocho	100	cien
9	nueve	101	ciento uno
10	diez	200	doscientos
11	once	300	trescientos
12	doce	400	cuatrocientos
13	trece	500	quinientos
14	catorce	600	seiscientos
15	quince	700	setecientos
16	dieciséis	800	ochocientos
17	diecisiete	900	novecientos
18	dieciocho	1.000	mil
19	diecinueve	1.100	mil cien
20	veinte	2.000	dos mil
21	veintiuno	1.000.000	un millón
30	treinta	2.000.000	dos millones

③ Subject Personal Pronouns

	1st Person	2nd Person	3rd Person
singular	yo (I)	tú (you – informal) usted (you – formal)	él (he) ella (she)
plural	nosotros (we - masculine) nosotras (we - feminine)	vosotros (you/informal – masculine) vosotras (you/informal – feminine) ustedes ustedes (you/formal)	ellos (they/masculine) ellas (they/feminine)

→ The subject pronoun normally isn't used in Spanish since the verb ending indicates the grammatical person. **Example:** ¿Cómo te llamas (tú)? (What's your name?)

→ Subject pronouns are only used when you want to give emphasis to the subject or if we want to show a change as to who we are talking about within the same discourse. **Example:** Yo me llamo Ester. Tengo veintidós años y él treinta y tres. (Me? My name's Ester. I'm twenty two years old and he's thirty three.)

→ Usted/ustedes are used to indicate a formal relationship with other people. In written form these pronouns are abbreviated as: usted = Ud. /ustedes = Uds.

➡ Usted/Ustedes (formal) have the same meaning as tú and vosotros (informal): **you,** but usted and ustedes use the 3rd person singular/plural form of the verb. **Example:** ¿Tiene (usted) su pasaporte? (Do you have your passport?)

More Information

→ On the Spanish peninsula tú/vosotros are the commonly used in informal or close relationships. Usted/ustedes are used in more formal relationships. **Example:** Carlos, ¿me das tu teléfono? (Carlos is a friend)/¿Me da su teléfono, por favor? (The person is someone you don't know well.)

→ The Spanish spoken in some areas of Latin America uses vos for the informal 2nd person singular. **Example:** ¿Vos, qué quieres? (in place of ¿Tú, qué quieres?)

→ In some places in Latin America usted/ustedes is used informally as well as formally. In the majority of Latin American countries ustedes has replaced the use of vosotros. **Example:** Ustedes están contentos (in place of Vosotros estáis contentos.)

④ Articles

4.1. Definite Article

→ The definite article makes reference to known information or that which has been talked about before. **Example:** El libro (que necesitas) está agotado. (The book (you need) is out of stock.)

→ Definite article forms:

	masculino	femenino
singular	el	la
plural	los	las

➡ When used with feminine nouns that begin with the vowel a or with the accented ha one uses the masculine article. **Example:** el agua. This only occurs with singular feminine nouns as the plural feminine article is used with plural feminine nouns that begin with a or accented ha. **Example:** las aguas.

➡ Observe how one combines the prepositions a and de with the article el: a + el = al; de + el = del. **Examples:** Esta tarde voy al cine. / El artista es el del jersey azul (This afternoon I'm going to the cine. / The artist is the one in the blue sweater.).

More Information

→ Uses of the definite article:

1) When we refer to something or someone that has been named before or the speaker knows of the objects/person's existence. **Example:** El jersey negro (no otro) está en el armario. (The black jersey (not another) is in the closet.)

2) With the days of the week when speaking about a specific day. **Ejemplo:** El martes es el día de la exposición. (Tuesday is the day of the exposition.)

➡ If the article is in the plural (los lunes, los martes, etc.), it indicates that something habitually takes place on the same day. **Example:** Los lunes voy al gimnasio (todos los lunes). (I go to the gym on Mondays.

3) With the names of rivers. **Example:** El Amazonas es un río impresionante. (The Amazon is an impressive river.)

4) For identifying the person to whom we have been directed. **Example:** ¿Es usted el fotógrafo?. (Are you the photographer?)

5) For identifying someone. **Example:** ¿Quién es ese señor tan alto? El director de la escuela. (Who is that man who is so tall?/- He's the Director of the school.)

6) For leisure activities or sports. **Example:** Los sábados por la mañana jugamos al tenis.

7) With times of the day. **Example:** La clase empieza a las 9.30 h. (Class begins at 9:30 a.m.)

8) For referring to parts of the body. **Example:** Tiene los ojos azules. (S/he has blue eyes.)

➡ Note that with parts of the body one doesn't use the possessive pronoun in Spanish. **Example:** Tiene los (sus) ojos azules. (S/he has the blue eyes.)

4.2. Indefinite Articles

➡ The indefinite article is used when speaking about something or someone that isn't known by the speakers. **Example:** –¿Quién es Antonio?/–Un amigo de Amparo. (Who is Antonio?/ - A friend of Amparo.)

➡ Indefinite Article Forms:

masculino	femenino
un	una
unos	unas

More Information

➡ Uses of the Indefinite Article:

1) For asking about places that aren't known. **Example:** ¿Hay un banco por aquí? (Is there a bank near here?)

2) For identifying someone who belongs to a group. **Example:** Ana es una amiga de la escuela. (Ana is a friend from school.)

3) To refer to a specific person without identifying him/her. **Example:** Tengo una amiga que es economista. (I have a friend who is an economist.)

4) For talking about an approximate quantity. **Example:** En la clase hay unos veinte alumnos. (The are twenty something students in class.)

➡ You don't use the indefinite article in front of the word otro (other) in Spanish. **Example:** He comprado (un) otro cuento para Samuel. (I have bought another storybook for Samuel.)

➡ You don't use an article (definite or indefinite) with:

1) With the proper names of people. **Example:** María tiene el pelo largo. (María has long hair.)

2) With professions. **Example:** –¿A qué te dedicas? –Soy cocinero.

➡ If an article is used with a profession, it is used to identify or refer to someone (see the uses of the definite and indefinite article). **Example:** Es el fotógrafo del periódico "El Día". (You've spoken about him before). Es un fotógrafo muy conocido. (This is the first time you've spoken about him)

3) For referring to one or various elements of a category. **Example:** ¿Tienes coche?/ ¿Tienes niños?

4) If a noun is modified by an adjective. **Example:** Mi hermano tiene bigote. (not El mi hermano …)

5) To identify a day of the week. **Example:** Hoy es domingo.

6) With the names of countries or cities, except when the article is part of the name of the country in Spanish. **Example:** Todos los veranos voy a Italia./ Me encanta La India.

7) With Mr. and Mrs./Miss/Ms. when speaking directly to the person. **Example:** Bienvenido, señor Martínez.

5) Nouns

5.1. Gender

➡ Nouns can be feminine or masculine:

masculino acabado en –o	femenino acabado en –a
informático arquitecto	informática arquitecta
maculino acabado en consonante	**femenino acabado en -a**
concejal león	concejala leona

➡ Other masculine - feminine endings: príncipe → princesa (prince → princess), actor → actriz (actor → actress).

➡ The following nouns are always masculine:
- Colors: el azul.
- Arts works (in general): el (cuadro de) Goya.
- The days of the week, months of the year, years, centuries: el siglo XX.
- Languages: el francés.
- Bodies of water (lakes, seas, rivers, oceans): el Mediterráneo.
- Airplanes: el Boeing 437.
- Ships: el Titanic.

➡ The following nouns are always feminine:
- Company names: la (empresa) Seat.
- Island names: Las Canarias.
- The letter of the alphabet: la b.

→ Some nouns can be either masculine or feminine and they are distinguished as such by the article that is used with them.

- Nouns that end in –ista: el/la artista. (depending on if your talking about a male or female artist)
- Nouns that end in –e: el/la estudiante. (depending on if your talking about a male or female student)

→ Some nouns have been newly created because of changing social conditions and now have both masculine and feminine forms (before they only existed in either the masculine or feminine): jefe–**jefa** (boss), ministro–**ministra** (government minister), modista–**modisto** (fashion designer), enfermera–**enfermero** (nurse).

5.2. Number (Countable/Non-Countable – singular/Plural)

→ Nouns can be:

countable	Non-Countable
Isolated objects that can be counted/numbered: árbol (tree), vaso (drinking glass), etc.	Objects/substances that can't be counted or separated: agua (water), arena (sand). In general they are used in the singular form.

→ The plural of nouns ending in vowels:

singular	plural
Ending in an unaccented vowel: casa	Add an –s: casas
Ending in accented –á, –é, –ó: sofá, café, buró	Add an –s: sofás, cafés, burós

Ending in í: esquí (ski)	Add an –s: esquís (more common that esquíes)
Ending in ú: iglu (igloo)*	Add an –s: iglúes

* When the singular form ends in an accented u (ú), the plural form can sometimes be formed by either adding an –s or an –es. **Example:** hindú → hindús or hindúes. But in some cases it is only permitted to use –s when forming the plural of a singular noun that end in –ú. **Example:** menú → menús; champú → champús.

→ The plural of nouns ending in consonants:

singular	plural
Words ending in –s and accented on the last syllable: autobús	Add an –es: autobuses
Words ending in –s and accented on the second or third to the last syllable: tesis	No change (except in the article): las tesis
Words ending in –y: rey	Add an –es: reyes

When referring to a group of males and females the plural masculine form is always used: **Example:** A mis hijos (sons and daughters) les gusta mucho ir a la piscina, (the children are boys and girls).

→ Nouns that normally are used in the singular: la salud (health), la gente (people), la sed (thirst), la información (information).
→ Nouns that normally are used in the plural: las afueras (the outskirts/surrounding area of a town or city), los víveres (food supplies).
→ Normally the plural form is used for objects that are comprised of two pieces, but sometimes they can be found in the singular. **Example:** las gafas (eye glasses), las tijeras (scissors), los pantalones (pants/trousers).

6 Adjectives

→ Adjectives express:
- Nationality: Soy japonés/japonesa. (I'm Japanese.)
- State: José Luis está aburrido. (José Luis is bored.)
- Quality: Carolina es muy simpática. (Carolina is very nice.)

→ Adjectives have the same gender and number as the noun they modify:

La camisa es blanca. Las botas son blancas.
El jersey es blanco. Los pantalones son blancos.

6.1. Adjective Gender:

→ Adjectives can have a masculine form and a feminine form:

Masculine Form	Feminine Form
bonito	bonita (pretty)
danés	danesa (Danish)

→ Nationality adjectives ending in a consonant form the feminine by adding –a. **Exemple:** alemán → alemana (German).
→ Some adjectives in Spanish only have one gender form for both masculine and feminine **Example:** la chaqueta azul/el jersey azul, la chica alegre/el chico alegre, el hombre feliz/la mujer feliz.

The majority of adjectives that only have one gender form are adjectives that end in -l, -e and -z. **Exemple:** azul, breve, locuaz.

6.2. Adjective number

→ Adjective plurals are formed the same way as noun plurals.

singular	plural
Adjectives ending in a vowel: *tranquilo*	Add an –s: *tranquilos*
Adjectives ending in a consonant or an accented vowel: *azul, marroquí*	Add an –es: *azules, marroquíes*

→ When an adjective ends in –s and it isn't a word with the last syllable accented, the singular and plural forms are the same. **Example:** *una entrada gratis/dos entradas gratis* (one free ticket/two free tickets).

6.3. Adjective Position

→ Adjectives normally appear next to the noun they modify or they are introduced by a verb. **Examples:** *Tengo un vestido rojo.* (I have a red dress). *El coche es azul.* (The car is blue.)
→ Normally adjectives go after the noun they modify and they provide additional or new information about the noun. **Example:** *Hoy llevo la chaqueta blanca.* (The adjective describes or identifies the jacket: it's the white one, not the red one).
→ When the adjective appears before the noun it modifies it doesn't provided new information about the noun, but it's used to give emphasis or it is being used for poetic purposes. **Examples:** *Escribe un nuevo libro* (if the book is being written, obviously it is new and the adjective in this case is providing emphasis). *Tiene una preciosa mirada* (Her gaze/expression is precious – poetic).

→ Some adjectives such as *bueno y malo* (good and bad) lose the last syllable (-o vowel) when used before the masculine noun it modifies. **Examples:** *Es un buen chico* (he's a good boy). /*Es un mal futbolista* (He's a bad football player).

→ The adjective *grande* (big/large) loses the last syllable (*de*) when used before the masculine or feminine noun it modifies and its meaning ,in general, changes from *big/large* → *great/grand*. **Examples:** *Es un gran hombre.* (He's a great man.)/*La habitación tiene una gran biblioteca.* (The room has a grand library.)

7 Demonstratives

7.1. Demonstrative adjectives, demonstrative pronouns and demonstrative adverbs
→ The demonstrative adjective and pronoun forms are the following:

Masculino		Femenino	
Singular	Plural	Singular	Plural
este (this)	*estos* (these)	*esta* (this)	*estas* (these)
ese (that)	*esos* (those)	*esa* (that)	*esas* (those)
aquel (that)	*aquellos* (those)	*aquella* (that)	*aquellas* (those)

→ The demonstrative adverbs are: *aquí* (here), *ahí* (there) and *allí* (there).
→ The demonstrative adjectives always modify a noun and agree in number and gender with the noun they modify. Normally, they appear before the noun. **Example:** *¿De quién es este diccionario?* (Whose dictionary is this?)
→ The demonstrative pronouns substitute a noun and have the same number and gender as the noun they have substituted. **Example:** *Esta (mujer) es Carmen, tu profesora de español.* (This (woman) is Carmen, your Spanish teacher.)

7.2. Use of demonstratives in relation to time and space

→ *Este/esta* is used to refer to things that the speaker considers close to him/her in both space and time. **Example:** *Este libro es muy interesante.* (This book (right here) is interesting.)

→ *Ese/esa* is used to refer to things the speaker considers nearer to the person being spoken to. **Example:** *¿Qué es ese ruido?* /What's that noise? (The noise is nearer to the person being asked the question.) *¿De quién es ese libro?* /Whose book is that? (The book that is nearer to the peson being spoken to.)

→ *Aquel/aquella* is used to refer to things considered distant from both the speaker and the listener. **Example:** *¿Ves aquella luz de allí?* /Do you see that light over there? (The two people are together and the light is the same distance from both of them.)

→ *Aquí/ahí/allí* are used to refer to place. *Aquí* is used to refer to things that are in a place close to the speaker. **Example:** *El libro está aquí*/ The book is here (near me). *Ahí* is used to refer to things that are in a place considered by the speaker to be closer to the listener. **Example:** *El libro está ahí.* / The book is there (closer to you, the listener). *Allí* is used for things that are in a place considered distant from both the speaker and the listener. **Example:** *El libro está allí.* / The book is over there. (The book is considered to be distant from both the speaker and the listener.)
Note: Careful with the pronunciation of *ahí* and *allí* as they can easily be mispronounced and confused for one another.

8 The verbs *llevar* (to wear) and *tener* (to have) used to identify/describe a person

→ The verbs *llevar* and tener are used to describe and identify a person: **Examples:** *Juan es el chico que lleva unas gafas muy bonitas y tiene el pelo largo. Ana* es la que *lleva la camisa* blanca. (Juan is the boy wearing nice glasses and who has long hair. Ana is the one wearing a white blouse/shirt)

llevar	tener	
llevar + una camisa	tener + ojos azules/negros/verdes…	tener + boca grande/pequeña…
llevar + un pantalón	tener + orejas grandes/pequeñas…	tener + nariz grande/pequeña…
llevar + unas gafas		

9 The verbs *gustar* (to like) and *encantar* (to charm/to delight/to captivate/to fascinate)

me		
te		
le	+ gusta/n	+ noun
nos	encanta/n	or infinitive
os		
les		

→ These verbs are always accompanied by a personal pronoun: *me, te. le, nos, os,* and *les.* **Examples:** *Nos gusta jugar con el gato.* (We like to play with the cat). *Me encanta su casa.* / *Le gustan los animales.* (He/she likes animals.)

→ The verb form always agrees with the thing that is being assessed/evaluated. **Example:** *Me encanta el chocolate.*

10 Quantifiers

+++++ Me gusta	muchísimo (very, very much)	esta película.
++++ Me gusta	mucho (a lot)	esta canción.
+++ Me gusta	bastante (quite a bit)	tu coche.
++ Me gusta	un poco (a little)	tu amigo.
+ Me gusta	poco (not much)	este restaurante.
Ø No me gusta	nada (not at all)	el café.

→ Observe that it's necessary to use a double negative with *nada*. **Example:** *No me gusta nada la música rock.*

11 Presente de indicativo (Simple Present)

11.1. Regular Verbs

trabajar	beber	escribir
trabajo	bebo	escribo
trabajas	bebes	escribes
trabaja	bebe	escribe
trabajamos	bebemos	escribimos
trabajáis	bebéis	escribís
trabajan	beben	escriben

11.2. Irregular Verbs

In order to review the irregular forms of the *Presente* (Present tense) consult the Irregular Verb Table (pages 124 – 127).

11.3. Uses of the *Presente de Indicativo* (Simple Present tense)

Presente de Indicativo (Simple Present tense) is used:

→ For referring to a situation that the speaker finds him/herself in at that moment. **Example:** *Ahora trabajo muchas horas.* (I work a lot now.)

→ For talking about habitual actions. **Example:** *Todos los días salgo de casa a las 8 h.* (I leave the house everyday at 8:00 a.m.)

→ For offering something to someone, inviting someone to do something, asking for something, or making a proposal. **Example:** *¿Te apetece tomar algo?* (Would you like something to drink?) / *¿Me dejas un bolígrafo?* (Can you give me your pen?)

12 Reflexive Pronouns

→ Reflexive pronouns form part of a reflexive verb such as: *acostarme* (go to bed), *ducharse* (to take a shower) and indicates that the person who does the action and receives the action is the same person.

	1st Person	2nd Person	3rd Person
Singular	me	te/ le (usted)	se
Plural	nos	os/ se (ustedes)	se

Examples:

Me acuesto muy tarde sobre las 12 h o la 1 h. todas las noches. (I go to bed between 12:00 and 1:00 every night.)

Pedro se afeita solo una vez a la semana. (Pedro only shaves once a week.)

Usted se levanta muy temprano y se acuesta muy tarde y eso es malo para la salud. (You get up very early and go to bed very late, and this is bad for your health.)

13 Possessives

13.1. Possessive Adjectives

singular		plural
mi	my	mis
tu	your	tus
su	his/her/your/its	sus
nuestro/a	our	nuestros/as
vuestro/a	your	vuestros/as
su	their/your	sus

Examples: *Mis amigos vienen mañana a cenar.* (My friends are coming to dinner tomorrow.) *Nuestra casa está muy cerca.* (Our house is very close.)

13.2. Possessive Pronouns

singular		*plural*
el mío/la mía	mine	los míos/las mías
el tuyo/la tuya	yours	los tuyos/las tuyas
el suyo/la suya	his/hers/yours	los suyos/las suyas
el nuestro/la nuestra	ours	los nuestros/las nuestras
el vuestro/la vuestra	yours	los vuestros/las vuestras
el suyo/la suya	theirs/yours	los suyos/las suyas

Example: *—¿Es esta tu casa?/—Sí, es la mía.* (Is this your house?/-Yes, it's mine.)

➡ In Spanish the possessive pronoun agrees with the number and gender of the object(s) it refers to, but never with the person to whom it belongs.

14 Organizing Information

→ In order to organize information we use: *Primero* (First) …, *luego* (then) …, and *después* (later/afterward/s).

Example: *Primero limpiamos la casa, luego vamos a comprar y después preparamos la cena, ¿vale?* (First we'll clean the house, then we'll go shopping, and later/afterwards we'll make dinner. OK?)

15 Hay/está

→ In order to ask about the existence of something or someone non-specific we use hay.
Examples: *¿Hay un banco por aquí?* (Is there a bank near here?) *¿Hay alguien en clase?* (Is there anyone in class?)

→ In order to ask for a place in which we can find something or someone specific we use the verb *estar*.
Example: *¿Sabes dónde está el Banco Central?* (Do you know where the Central Bank is?).

16 Verbs of Movement

The Verb *Ir* (to go)

→ *ir* + *a* + lugar (place): *Voy a la escuela por las mañanas.* (I go to school in the morning.)
→ *ir* + *en* + medio de transporte (type of transportation): *Voy a trabajar en bicicleta.* (I go to work by bicycle.)
→ *ir* + *a* + *pie* (foot): *Voy a pie hasta la oficina.* (I go to the office on foot/I walk to the office)

The Verb *Venir* (to come)

→ *venir* + *de* + lugar (place):
—¿De dónde vienes tan tarde? (Where are you coming from so late?) *—(Vengo) De la oficina.* (I'm coming from the office.)

17 Interrogative Pronouns

→ One uses the pronoun *qué* (what) in order to ask for new information about objects or actions. **Examples:** ¿Qué le pongo? (What would you like?)/¿Qué haces los fines de semana? (What do you do on the weekends?)

→ One uses the pronoun *cuál* (which) in order to ask for an object among the same group or category. **Example:** ¿Cuál de los dos vestidos te gusta más? (Which of the two dresses do you like the best?)

→ One uses the pronoun *cómo* (how) in order to ask about the characteristics of someone or something. **Example:** —¿Cómo es tu habitación? (How's your room? - used in the sense of asking for a description – e.g What's your room like?) —Tiene muchos colores. (It's has a lot of color./It's very colorful.)

→ One uses *dónde* (where) in order to ask about the location of someone or something. **Example:** ¿Dónde vives? (Where do you live?)

→ One uses *cuándo* (when) in order to ask about the time when an action or occurrence takes or took place. **Example:** ¿Cuándo vuelves a Sevilla? (When do you return from Seville?)

→ One uses *quién* (who) in order to ask about people. **Example:** ¿Quién es ese chico con bigote? (Who is the boy with the moustache?)

→ One uses *por qué* (why) in order to ask about the cause of something **Example:** ¿Por qué me miras de esa forma? (Why are you looking at me that way?)

18 Estar (to be) + Gerund

→ Estar + gerund are used to talk about an action in process that is taking place at the time of speaking. **Examples:** —¿Vienes al cine? (Are you coming to the movies?) —Es que estoy estudiando. (I'm studying.) —¿Quiere algo? (Do you want something?) —No, gracias, solo estoy mirando. (No thanks. I'm just looking.)

→ Some gerunds are irregular:
• Careful if two vowels appear together:
   leer (to read) → leyendo   *oír* (to hear) → oyendo
• Careful as some verbs are irregular:
   e → *i* (*decir* → diciendo)
   o → *u* (*dormir* → durmiendo)

19 Comparing

19.1. Superior to

	nombre	
más +	adjetivo	+ *que*
	adverbio	

oración	+	*más que*	+	oración

Examples:

Alberto tiene más dinero que yo. (Alberto has more money than I do.)
Marcos es más tranquilo que María. (Marcos is calmer than Maria.)
Carlos camina más deprisa que yo. (Carlos walks faster than I do.)

Example: Voy al cine más que salgo al teatro.
(I go to the movies more than I go to the theater.)

➡ In these types of statements some parts may be omitted from the sentence. **Examples:** Voy al cine más que (voy) al teatro. (I go to the movies more than (I go) to the theater.) El chocolate me gusta más que (me gusta) el queso. (I like chocolate more than (I like) cheese.) Me gusta ir al campo más que (me gusta ir) a la montaña. (I like to go to the countryside more than (I like to go to) the mountains.) Ahora salgo más que (salía) antes.
(I go out more now than (I went out) before.)

19.2. Inferior to

	nombre	
más +	adjetivo	+ *que*
	adverbio	

oración	+	*menos que*	+	oración

Ejemplos:

Tengo menos trabajo que el año pasado.
(I have less work than last year.)
José es menos simpático que su hermana.
(José isn't as nice as his sister.)
Carlos camina menos deprisa que yo.
(Carlos walks slower than I do.)
Voy al cine menos que salgo al teatro.
(I go to the moves less than I go to the theater.)

➡ In these types of statements some parts may be omitted from the sentence. **Examples:**
Voy al cine menos que (voy) al teatro. (I go to the movies less than (I go) to the theater.)
El chocolate me gusta menos que (me gusta) el queso. (I like chocolate less than (I like) cheese.)
Me gusta ir al campo menos que (me gusta ir) a la montaña. (I like to go to the countryside less than (I like to go to) the mountains.)
Ahora salgo menos que (salía) antes. (I go out less now than (I went out) before.)

19.3. Equal to

tan +	adjetivo	+ como
	adverbio	

tanto/a/os/as +	nombre	+ como

verbo +	tanto	+ como

Examples:

Este coche es <u>tan rápido como</u> el otro.
(This car is as fast as the other.)
Carlos <u>camina tan deprisa</u> como yo.
(Carlos walks as fast as I do.)
Pedro lee <u>tantos libros como</u> tú.
(Pedro reads as many books as you do.)
María <u>trabaja tanto como</u> tú.
(María works as much as you do.)

19.4. Special Comparatives

bueno/bien	mejor
malo/mal	peor
grande	mayor
pequeño	menor

Examples :

Es el hermano <u>menor</u> de Juan. (He's Juan's younger brother.)
Tu idea es <u>mejor</u> que la mía.
(You idea is better than mine.)

19.5. Superlatives

The superlative is used to express the maximum degree.
• The superlative forms are:
→ Muy + adjetivo. **Exemple:** Esta paella está <u>muy buena.</u> (This paella is very good.)
→ Adding –ísimo/a/os/as to the adjective ending.
Exemple: Esta paella está <u>buenísima.</u> (This paella is very good.)

20 Pretérito Perfecto (Present Perfect)

20.1. Regular Verbs

he has ha hemos habéis han	+ participio

infinitivo	participio	ejemplos
–ar	–ado	hablar → hablado
–er –ir	–ido	comer → comido venir → venido

20.2. Irregular Verbs

→ Some past participles are irregular:

ver → visto escribir → escrito volver → vuelto poner → puesto morir → muerto	abrir → abierto romper → roto hacer → hecho decir → dicho haber → habido

➲ The past participle doesn't change in relation to number or gender. **Example:** Nosotras hemos cocinado hoy. (Nosotras hemos ~~cocinadas~~). (We have cooked today.)

➲ The auxiliary and the past participle should appear together. You can't put any other word between them. **Example: Incorrect –** ¿Has ~~alguna vez~~ estado en París? **Correct –** ¿Has estado alguna vez en París? (Have you ever been in Paris?)

20.3. Uses of the Pretérito Perfecto (Present Perfect)

→ Can be accompanied by the following time markers (words and expressions): Hoy, este mes/año/…, esta mañana/semana/…, alguna vez, nunca … (Today, this month/year/…, this morning/week/…, at some time, never…) **Examples:** ¿Has estado <u>alguna vez</u> en Toledo? (Have you ever been in Toledo?) / <u>Este año</u> no hemos ido de vacaciones. (This year we haven't gone on vacation.)

→ Used for talking about past actions or occurrences that the speaker wants to relate to the present moment. **Examples:** ¿Has <u>visto</u> a Fernando? (Have you seen Fernando (recently)?) / Sí, esta mañana <u>he desayunado</u> con él. (Yes. This morning I've eaten breakfast with him.)

→ Used for talking about past experiences or activities without stating the time when they occurred. **Examples:** –¿Has <u>probado</u> alguna vez las natillas? (Have you ever tried pudding?) / –Un par de veces, ¡me encantan! (A couple of times. I love it!)

→ Used for evaluating an experience. **Example:** La conferencia <u>ha sido</u> muy interesante. (The conference has been very interesting.)

→ When the person speaking thinks that what s/he is asking about has already taken place, s/he uses the Pretérito Perfecto (Present Perfect) which is introduced with the word ya (already). **Ejemplo:** ¿<u>Ya has visto</u> la última película de Amenábar? (Have you already seen Almenábar's last movie')

If the response of the other person uses *todavía no* (not yet), it indicates that s/he hasn't done what's being inquired about, but has the intention of doing it sometime in the future. **Ejemplo:**
—¿Ya has visto la última película de Amenábar? (Have you already seen Almenábar's latest movie')
—Todavía no, me gustaría ir este fin de semana. (Not yet. I'd like to go this weekend.)

→ In some areas of Spain and in the majority of Latin America, the *Pretérito Perfecto* (Present Perfect isn't used. Instead the *Pretérito Indefinido* (Simple Past) is used: *fui, hablé, etc.*

21 Direct/Indirect Object Personal Pronouns

21.1. Direct Object

	1ª persona	2ª persona	3ª persona
singular	me	te	lo/la/le*
plural	nos	os	los/las

Example: —¿Sabes dónde está el informe? (Do you know where the report is?) / —Lo tiene Juan en su mesa. (Juan has it on his desk.)

*Le is used as a direct object when referring to a man/boy.

21.2. Indirect Object

	1ª persona	2ª persona	3ª persona
singular	me	te	le
plural	nos	os	les

Example: —¿Tiene ya Juan el informe? (Does Juan already have the report?) / —Ahora le doy el informe, no te preocupes. (I'll give the report to him now. Don't worry (yourself about it).

21.3. Pronoun Position

→ It is always positioned in front of the verb. **Example:** ¿Tienes el periódico? (Do you have the newspaper?) /Sí. Ahora te lo doy. (Yes. I'll give it to you now)

→ With the affirmative imperative, the pronoun is connected to the end of the verb. **Example:** —¿Me prestas el diccionario? (Can you loan me the dictionary?) / —Claro, cógelo. (Of course. Take it.)

→ With the infinitive and the gerund, the pronoun can be positioned:
  • After the verb and forming part of the word: Está escribiéndola (la carta). He's writing it (the letter)
  • In front of and separate from the verb: La está escribiendo (la carta). He's writing it (the letter).

→ The pronouns *le/les* change when they appear in front of *le/lo/los/las*. **Example:** No sé si darle ahora el informe a Sandra. (I don't know if I should give the report to her (Sandra) now.) / Mejor, se lo daré más tarde. (It's better if I give it to her later.)

More Information about Pronouns with Prepositions

Pronouns with prepositions serve different functions (in addition to being used as direct and indirect objects as is the case with the structure *a + pronoun*)

	Formas		
	1ª persona	2ª persona	3ª persona
singular	(a/para/ por...) mí	(a/para/ por...) ti	(a/para/ por/con...) él, ella, ello
plural	(a/para) nosotros	(a/para) vosotros	(a/para) ellos/ellas

→ With the preposition *con* (with), the following contractions are used:
con + mí → conmigo: ¿Vienes conmigo al cine? (Are you coming with me to the movies?)
con + ti → contigo: ¿Ayer cenó Mercedes contigo? (Did Mercedes eat dinner with you yesterday?)

Some Uses of Pronouns with Prepositions

→ Used for expressing an opinion. **Example:** Para mí, todo esto es un error. (For me, this is all a mistake.)

→ Used for expressing who is the receiver of something. **Ejemplo:** Este regalo es para ti. (This gift is for you.)

22 The verb *doler* (to hurt/to ache)

→ The verb doler (to hurt/to ache) is irregular:

me te le nos os les	+ duele	+ nombre

Examples:

Me duele la cabeza. (My head hurts/I have a headache.)
Me duelen los pies de tanto andar. (My feet hurt from walking so much.)

➡ The structure of the verb *doler* is the same as the structures used for *encantar* and *gustar*. (Consult section 9, page 117 for the forms and uses of the verbs *gustar* and *encantar*.)

23 *Imperativo* (Imperative)

23.1. The Affirmative Imperative. Regular Forms

hablar	beber	escribir
habla	bebe	escribe
hable	beba	escriba
hablad	bebed	escribid
hablen	beban	escriban

➡ The form of the imperative in the second person plural (*vosotros*) drops the *d* in reflexive verbs. **Example:** *Luisa, Miguel, lavad los platos, por favor.* (Luisa, Miguel, wash the plates, please.) / *Luisa, Miguel, lavaos las manos, por favor.* (Luisa and Miguel, wash your hands, please.)

➡ In oral discourse the speaker substitutes the second person plural with the infinitive. This is not done with written discourse and if done, it is incorrect. **Example: Oral:** *Paco, Marta, subir a la biblioteca, por favor.* (Paco, Marta, go up to the library, please.) **Written:** *Paco, Marta subid a la biblioteca, por favor.* (Paco, Marta, go up to the library, please.)

23.2. Irregular Imperatives with *tú* and *usted*

→ Focus on the forms of *tú* and *usted* in the imperative of the verbs *salir (sal, salga)*, *tener (ten, tenga)*, *poner (pon, ponga)* *hacer (haz, haga)*, *decir (di, diga)* and *venir (ven, venga)*.

→ Because of vowel changes in irregular verbs in the *Presente de Indicativo* (Simpe Present), these verbs have the same *tú* and *usted* irregular forms in the Imperative. To review the irregular forms of the *Presente de Indicativo* (Simple Present) consult the Verb Table (pages 124-127)

23.3. Imperativo negativo. Formas regulares

hablar	beber	escribir
no hables	no bebas	no escribas
no hable	no beba	no escriba
no habléis	no bebáis	no escribáis
no hablen	no beban	no escriban

Ejemplo: *María, no hables tan alto por favor, que me duele la cabeza.* (María, don't talk so loudly please. I have a headache.)

➡ To review the negative imperative forms, consult the Verb Table (pages 124 – 127).

23.4. Negative Imperative. Irregular Forms

venir	salir	ir	ser
no vengas	no salgas	no vayas	no seas
no venga	no salga	no vaya	no sea
no vengáis	no salgáis	no vayáis	no seáis
no vengan	no salgan	no vayan	no sean

Ejemplo: *María, Alfonso, hasta luego. ¡No vengáis tarde! ¿Vale?* (María, Alfonso, see you later. Don't come back late! OK?)

23.5. Direct/Indirect Object Position with the Imperative.

Review the direct/indirect personal pronoun position with the imperative (see section 21, page 120)

23.6. Sí (if) for Giving Advice with the Imperative

→ In Spanish, the Imperative can be used for giving advice. **Example:** *Si quieres tener buena salud, haz ejercicio y come mucha fruta.* (If you want to have good health, do exercise and eat a lot of fruit.)

24 Pretérito Indefinido (Simple Past)

24.1. Regular Forms

viajar	conocer	vivir
viajé	conocí	viví
viajaste	conociste	viviste
viajó	conoció	vivió
viajamos	conocimos	vivimos
viajasteis	conocisteis	vivisteis
viajaron	conocieron	vivieron

24.2. Irregular Forms

➡ To review the Pretérito Indefinido (Simple Past) forms, consult the Verb Table (pages 124 – 127).

24.3. Uses

→ Used for referring to past actions that the speaker doesn't relate to the present moment. Customarily used with expressions like: *el año pasado* (last year), *el mes pasado* (last month), *ayer* (yesterday), *la semana pasada* (last week), *anoche* (last night), *la primera vez* (the first time), etc. **Example:** *El año pasado no fui de vacaciones.* (Last year I didn't go on vacation.)

→ Used to talk about an event that happened in the past. **Example:** *En 1992 se celebraron los Juegos Olímpicos en Barcelona y la Exposición Universal en Sevilla.* (In 1992 the Olympic Games were celebrated in Barcelona and the Universal Exposition was celebrated in Seville.)

→ Used for making an evaluation of something that happened in the past. **Example:** *La fiesta de anoche fue muy divertida.* (The party last night was a lot of fun.)

➡ The *Pretérito Indefinido* (Simple Past) is more widely used than the *Pretérito Perfecto* (Present Perfect). In many places in Spain and Latin America the *Pretérito Perfecto* (Present Perfect) has been replaced by the *Pretérito Indefinido* (Simple Past). **Example:** *Esta mañana me levanté temprano.* (This morning I got up early.)

25 Verb Infinitive (Perífrasis de Infinitivo)

This is a structure formed by using 2 verbs. The first verb is conjugated and the second verb is in the infinitive form. **Example:** *Esta semana pienso ir al cine.* (I think I'll go to the movies this week.)

→ Some of the most common uses and forms of the verb+infinitve structure (*perífrasis*) are:

• For talking about plan one uses *ir + a + infinitive*: **Example:** *La próxima semana voy a estudiar dos horas al día.* (Next week I going to study two hours a day.)

• For expressing a proposal to do something one uses *pensar + infinitive*: **Example:** *Este año pienso sacarme el carné de conducir.* (This year I'm thinking about getting my driver's license.)

• For suggesting activities or inviting one uses *apetecer + infinitive*: **Example:** *¿Te apetece venir al cine?* (Do you feel like coming to the movies?)

• For expressing the intention or the desire to do something one uses *querer + infinitive*: **Example:** *Esta noche quiero cenar tranquilamente y leer un buen libro.* (Tonight I want to eat dinner tranquilly and read a good book.)

26 Pretérito Imperfecto

There isn't a direct equivalent of this form of the past tense in English and confusion over when to use the *Pretérito Indefinido* and the *Pretérito Imperfecto* in Spanish can exist for students who are native English speakers. It's important to work on the use of the *Pretérito Imperfecto* in depth early in the learning process and clarify any doubts that may arise.

26.1. Regular Forms

hablar	comer	vivir
hablaba	comía	vivía
hablabas	comías	vivías
hablaba	comía	vivía
hablábamos	comíamos	vivíamos
hablabais	comíais	vivíais
hablaban	comían	vivían

26.2. Irregular Forms

There are only three irregular verbs in this tense: *ser* (to be), *ir* (to go) and *ver* (to see). To review the irregular forms of the *Pretérito Imperfecto*, consult the Verb Table (page 127)

ser	ir	ver
era	iba	veía
eras	ibas	veías
era	iba	veía
éramos	íbamos	veíamos
erais	ibais	veíais
eran	iban	veían

26.3. Uses

→ For describing objects, people, animals, situations, etc in the past. **Example:** *Recuerdo que la habitación era grande y tenía una cama de madera.* (I remember that the room was big and it had a wooden bed.)

→ For expressing past habits. **Example:** *De pequeña iba de vacaciones a la playa.* (When I was small I went to the beach for vacation)

→ For soliciting an action or asking for an object in a polite way. **Example:** *Quería probarme esos pantalones.* (I'd like to try on these pants/trousers.)

→ Proceeded by the adverb *antes* (before) it indicates a contrary situation to a present situation. **Example:** *Antes siempre llevaba pantalones vaqueros (ahora no los llevo con tanta frecuencia).* (Before I always wore blue jeans (now I don't wear than as frequently as before).

→ For contextualizing an event. **Example:** *Estaba en casa cuando me dieron la noticia.* (I was at home when they gave me the news.)

➡ The Pretérito Imperfecto can be accompanied by:

normalment (normally)	*de joven, de pequeño/a* (when young, when small)
habitualmente (habitually)	*en aquellos días/años/tiempos* (in those days/years/times)
frequentemente (frequently)	*en aquella época* (in that period)
siempre (always)	*antes* (before)
todos los días (everday)	*ese día/año* (that day/year)
entonces (back then)	*en los años 70, etc* (in the 70's, etc.)

Ejemplo: *En los años sesenta había menos canales de televisión.* (In the 60's there were less television stations.)

VERBOS REGULARES (REGULAR VERBS)

INDICATIVO (INDICATIVE)

	Presente (Present)	Pretérito Indefinido (Simple Past)	Pretérito Imperfecto	Pretérito Perfecto (Present Perfect)
trabajar	trabajo	trabajé	trabajaba	he trabajado
	trabajas	trabajaste	trabajabas	has trabajado
	trabaja	trabajó	trabajaba	ha trabajado
	trabajamos	trabajamos	trabajábamos	hemos trabajado
	trabajáis	trabajasteis	trabajabais	habéis trabajado
	trabajan	trabajaron	trabajaban	han trabajado
comer	como	comí	comía	he comido
	comes	comiste	comías	has comido
	come	comió	comía	ha comido
	comemos	comimos	comíamos	hemos comido
	coméis	comisteis	comíais	habéis comido
	comen	comieron	comían	han comido
vivir	vivo	viví	vivía	he vivido
	vives	viviste	vivías	has vivido
	vive	vivió	vivía	ha vivido
	vivimos	vivimos	vivíamos	hemos vivido
	vivís	vivisteis	vivíais	habéis vivido
	viven	vivieron	vivían	han vivido

IMPERATIVO (IMPERATIVE)

Imperativo Afirmativo (Affirmative Imperative)

trabajar	comer	vivir
trabaja	come	vive
trabaje	coma	viva
trabajad	comed	vivid
trabajen	coman	vivan

Imperativo Negativo (Negative Imperative)

trabajar	comer	vivir
no trabajes	no comas	no vivas
no trabaje	no coma	no viva
no trabajéis	no comáis	no viváis
no trabajen	no coman	no vivan

FORMAS NO PERSONALES (IMPERSONAL FORMS)

	Infinitivo (Infinitive)	Gerundio (Gerund)	Participio (Participle)
trabajar **comer** **vivir**	trabajar comer vivir	trabajando comiendo viviendo	trabajado comido vivido

Participios Irregulares (Irregular Participles)

ver **escribir** **volver**	visto escrito vuelto	**poner** **abrir** **romper**	puesto abierto roto	**hacer** **decir** **morir**	hecho dicho muerto

VERBOS IRREGULARES (IRREGULAR VERBS)

e → ie	PRESENTE	IMPERATIVO AFIRMATIVO	IMPERATIVO NEGATIVO	GERUNDIO
cerrar	cierro			
	cierras	cierra	no cierres	
	cierra	cierre	no cierre	
	cerramos			cerrando
	cerráis	cerrad	no cerréis	
	cierran	cierren	no cierren	
despertar(se)	(me) despierto			
	(te) despiertas	despierta (despiértate)	no (te) despiertes	
	(se) despierta	despierte (despiértese)	no (se) despierte	
	(nos) despertamos			despertando (se)
	(os) despertáis	despertad (despertaos)	no (os) despertéis	
	(se) despiertan	despierten (despiértense)	no (se) despierten	
empezar	empiezo			
	empiezas	empieza	no empieces	
	empieza	empiece	no empiece	
	empezamos			empezando
	empezáis	empezad	no empecéis	
	empiezan	empiecen	no empiecen	
pedir	pido			
	pides	pide	no pidas	
	pide	pida	no pida	
	pedimos			pidiendo
	pedís	pedid	no pidáis	
	piden	pidan	no pidan	
preferir	prefiero			
	prefieres	prefiere	no prefieras	
	prefiere	prefiera	no prefiera	
	preferimos			prefiriendo
	preferís	preferid	no prefiráis	
	prefieren	prefieran	no prefieran	

VERBOS IRREGULARES (IRREGULAR VERBS)

o → ue	PRESENTE	IMPERATIVO AFIRMATIVO	IMPERATIVO NEGATIVO	GERUNDIO
acostar(se)	(me) acuesto (te) acuestas (se) acuesta (nos) acostamos (os) acostáis (se) acuestan	acuesta (acuéstate) acueste (acuéstese) acostad (acostaos) acuesten (acuéstense)	no (te) acuestes no (se) acueste no (os) acostéis no (se) acuesten	acostando (se)
aprobar	apruebo apruebas aprueba aprobamos aprobáis aprueban	aprueba apruebe aprobad aprueben	no apruebes no apruebe no aprobéis no aprueben	aprobando
almorzar	almuerzo almuerzas almuerza almorzamos almorzáis almuerzan	almuerza almuerce almorzad almuercen	no almuerces no almuerce no almorcéis no almuercen	almorzando
dormir	duermo duermes duerme dormimos dormís duermen	duerme duerma dormid duerman	no duermas no duerma no durmáis* no duerman	durmiendo
llover	llueve			lloviendo
oler	huele hueles huele olemos oléis huelen	huele huela oled huelan	no huelas no huela no oláis no huelan	oliendo
poder	puedo puedes puede podemos podéis pueden			pudiendo
recordar	recuerdo recuerdas recuerda recordamos recordáis recuerdan	recuerda recuerde recordad recuerden	no recuerdes no recuerde no recordéis no recuerden	recordando
volver	vuelvo vuelves vuelve volvemos volvéis vuelven	vuelve vuelva volved vuelvan	no vuelvas no vuelva no volváis no vuelvan	volviendo

u → ue	PRESENTE	IMPERATIVO AFIRMATIVO	IMPERATIVO NEGATIVO	GERUNDIO
jugar	juego juegas juega jugamos jugáis juegan	juega juegue jugad jueguen	no juegues no juegue no juguéis no jueguen	jugando

Verb Table

VERBOS IRREGULARES (IRREGULAR VERBS)

c → zc	PRESENTE	IMPERATIVO AFIRMATIVO	IMPERATIVO NEGATIVO	GERUNDIO
conocer	conozco conoces conoce conocemos conocéis conocen	conoce conozca conoced conozcan	no conozcas no conozca no conozcáis no conozcan	conociendo
conducir	conduzco conduces conduce conducimos conducís conducen	conduce conduzca conducid conduzcan	no conduzcas no conduzca no conduzcáis no conduzcan	conduciendo
traducir	traduzco traduces traduce traducimos traducís traducen	traduce traduzca traducid traduzcan	no traduzcas no traduzca no traduzcáis no traduzcan	traduciendo

VERBOS CON OTRAS IRREGULARIDADES (VERBS WITH OTHER IRREGULARITIES)

	PRESENTE	INDEFINIDO	IMPERFECTO	PRETÉRITO PERFECTO	IMPERATIVO	IMPERATIVO NEGATIVO	PARTICIPIO	GERUNDIO
andar	ando andas anda andamos andáis andan	anduve anduviste anduvo anduvimos anduvisteis anduvieron	andaba andabas andaba andábamos andabais andaban	he andado has andado ha andado hemos andado habéis andado han andado	anda ande andad anden	no andes no ande no andéis no anden	andado	andando
dar	doy das da damos dais dan	di diste dio dimos disteis dieron	daba dabas daba dábamos dabais daban	he dado has dado ha dado hemos dado habéis dado han dado	da dé dad den	no des no dé no deis no den	dado	dando
decir	digo dices dice decimos decís dicen	dije dijiste dijo dijimos dijisteis dijeron	decía decías decía decíamos decíais decían	he dicho has dicho ha dicho hemos dicho habéis dicho han dicho	di diga decid digan	no digas no diga no digáis no digan	dicho	diciendo
estar	estoy estás está estamos estáis están	estuve estuviste estuvo estuvimos estuvisteis estuvieron	estaba estabas estaba estábamos estabais estaban	he estado has estado ha estado hemos estado habéis estado han estado	está esté estad estén	no estés no esté no estéis no estén	estado	estando

VERBOS CON OTRAS IRREGULARIDADES (VERBS WITH OTHER IRREGULARITIES)

	PRESENTE	INDEFINIDO	IMPERFECTO	PRETÉRITO PERFECTO	IMPERATIVO	IMPERATIVO NEGATIVO	PARTICIPIO	GERUNDIO
hacer	hago	hice	hacía	he hecho				
	haces	hiciste	hacías	has hecho	haz	no hagas		
	hace	hizo	hacía	ha hecho	haga	no haga		
	hacemos	hicimos	hacíamos	hemos hecho			hecho	haciendo
	hacéis	hicisteis	hacíais	habéis hecho	haced	no hagáis		
	hacen	hicieron	hacían	han hecho	hagan	no hagan		
haber	he	hube	había	he habido				
	has	hubiste	habías	has habido				
	ha/hay	hubo	había	ha habido				
	hemos	hubimos	habíamos	hemos habido			habido	habiendo
	habéis	hubisteis	habíais	habéis habido				
	han	hubieron	habían	han habido				
ir	voy	fui	iba	he ido				
	vas	fuiste	ibas	has ido	ve	no vayas		
	va	fue	iba	ha ido	vaya	no vaya		
	vamos	fuimos	íbamos	hemos ido			ido	yendo
	vais	fuisteis	ibais	habéis ido	id	no vayáis		
	van	fueron	iban	han ido	vayan	no vayan		
leer	leo	leí	leía	he leído				
	lees	leíste	leías	has leído	lee	no leas		
	lee	leyó	leía	ha leído	lea	no lea		
	leemos	leímos	leíamos	hemos leído			leído	leyendo
	leéis	leísteis	leíais	habéis leído	leed	no leáis		
	leen	leyeron	leían	han leído	lean	no lean		
saber	sé	supe	sabía	he sabido				
	sabes	supiste	sabías	has sabido	sé	no sepas		
	sabe	supo	sabía	ha sabido	sepa	no sepa		
	sabemos	supimos	sabíamos	hemos sabido			sabido	sabiendo
	sabéis	supisteis	sabíais	habéis sabido	sabed	no sepáis		
	saben	supieron	sabían	han sabido	sepan	no sepan		
ser	soy	fui	era	he sido	sé	no seas		
	eres	fuiste	eras	has sido	sea	no sea		
	es	fue	era	ha sido			sido	siendo
	somos	fuimos	éramos	hemos sido	sed	no seáis		
	sois	fuisteis	erais	habéis sido	sean	no sean		
	son	fueron	eran	han sido				
poder	puedo	pude	podía	he podido				
	puedes	pudiste	podías	has podido				
	puede	pudo	podía	ha podido			podido	pudiendo
	podemos	pudimos	podíamos	hemos podido				
	podéis	pudisteis	podíais	habéis podido				
	pueden	pudieron	podían	han podido				
venir	vengo	vine	venía	he venido	ven	no vengas		
	vienes	viniste	venías	has venido	venga	no venga		
	viene	vino	venía	ha venido			venido	viniendo
	venimos	vinimos	veníamos	hemos venido	venid	no vengáis		
	venís	vinisteis	veníais	habéis venido	vengan	no vengan		
	vienen	vinieron	venían	han venido				
abrir	abro	abrí	abría	he abierto	abre	no abras		
	abres	abriste	abrías	has abierto	abra	no abra		
	abre	abrió	abría	ha abierto			abierto	abriendo
	abrimos	abrimos	abríamos	hemos abierto	abrid	no abráis		
	abrís	abristeis	abríais	habéis abierto	abran	no abran		
	abren	abrieron	abrían	han abierto				

ASÍ ME GUSTA 1. **A Spanish Course**
Authors: **Estrella López, Carme Albornés, Vincenta González y Miguel Llobera**
Appendix, Forms and Functions, and Verb Charts: **Begoña Montmany**

Editorial Director: **Raquel Varela**
Proofreaders (Spanish): **Mercedes Serrano Parra y Gala Arias Rubio**
English Translation: **Michael De Grande**

Graphic Concept: **Zoográfico, S. L.**
Layout: **Evolution, S. L.**
Illustrations: **Beatriz de Pedro, Jaume Bosch, Juliana Serri, Pepe Pardo, Hacienda el león, Vice ztán y Maite Ramos**
Recording: **Fonográficas Damitor, S. L.**

The authors wish to express their gratitude to their loved ones and to all those who have given ti.   .me and support to the development of *Así Me Gusta 1*.

The authors and publisher wish to express their gratitude to the following persons and institutions for their contributions to the development of *Así Me Gusta 1*:

Proposal Review: **María Luisa Coronado, María Luisa Alarcón, Álvaro García Santa Cecilia, Pilar Salamanca y Claudia Jacobi**

Field Testing: **Jovi Díaz, Maria Lluïsa Sabater, Marjo Eurlings, María Angélica Silva Camus y Talita Aguilar**

Photographs:
Contacto (Casa Rosada, Pictor / Contacto; Alejandro Sanz, AFP / Contacto; Penélope Cruz, AFP / Contacto; Béisbol Cuba, AFP / Contacto; Toro Osborne, AFP / Contacto; Parque Güell, Pictor / Contacto; Costa Balnca, Pictor / Contacto; Rojas Marcos, M. Velando / Contacto; Pedro Duque, AFP / Contacto; García Márquez, M. Merlin / G. Neri / Contacto; Bill Gates, AFP / Contacto; Desmond Tutu, Casilli / Team / G. Neri / Contacto; Khaled, AFP / Contacto; Noa, Scanziani / G. Neri / Contacto; Ronaldo, AFP / Contacto; Rigoberta Menchú, G. Neri / Contacto; Alejandro Toledo, AFP / Contacto; Cecilia Roth, AFP / Contacto; Pablo Milanés, Notimex / Contacto; Luis Miguel, Notimex / Contacto). Cover: (Lucrecia / Cover). **Photographer:** Javier Vaquero.

Others:
Restaurante Carmencita, Teresa Alfaro, Cup Iberia, Matías, *Así son* actors, Gala Arias, German Embassy, Maroc Embassy, Guatemala Embassy, Casa regional de Galicia, Casa regional de Canarias, Casa regional de Murcia, Clara Miki, Karim, Juan Manuel Villalobos, Eugenia Saddakni, Jese Rosenthal, Restaurante cubano *Zara*, Restaurante chino *Los leones*.